全品数学

QUAN PIN SHU XUE

徐杰 著

中国海洋大学出版社

·青岛·

图书在版编目(CIP)数据

全品数学/徐杰著. —青岛:中国海洋大学出版
社,2018.11

ISBN 978-7-5670-2023-8

Ⅰ.①全… Ⅱ.①徐… Ⅲ.①中学数学课－教学研究
－初中 Ⅳ.①G633.602

中国版本图书馆 CIP 数据核字(2018)第 243751 号

出版发行	中国海洋大学出版社
社　　址	青岛市香港东路 23 号　邮政编码　266071
网　　址	http://www.ouc-press.com
出 版 人	杨立敏
责任编辑	邹伟真　电话　0532-85902533
印　　刷	淄博新海教育印务有限公司
版　　次	2018 年 11 月第 1 版
印　　次	2018 年 11 月第 1 次印刷
成品尺寸	170 mm×240 mm
印　　张	17.5
字　　数	239 千
印　　数	1～2000
定　　价	58.00 元
订购电话	0532-82032573(传真)

如发现印装质量问题,请致电 0533-2782115 调换

序　言（序一）

“刘老师，你还认识我吗？”

去年3月，我在临淄区实验中学举办了一次全市的初中数学教学研讨会，中间休息时，刚走出会场，一位端庄大气、举止优雅的青年教师站在了我的面前。

依稀记得……

我想起来了，她是我从大学毕业到淄博七中担任高中数学教师，所教的第一级学生，记忆中的“她”，总是坐在第一排，两眼炯炯有神，学习有灵气，乐于思考问题。

时光荏苒，转眼间，二十余载悄然已逝。

“士别三日，当刮目相待”。现在的她已成长为青年数学教师的业界翘楚，教育教学成绩斐然，学校管理独当一面，教育科研风生水起……，要不是我以前的工作岗位和初中教学鲜有交集，她的大名恐怕早已“耳熟能详”。前不久，她给我送来一叠书稿，说是自己教学的一点心得。打开看时，乃是自己从事数学教育工作一系列的“教学小品”，字字珠玑，见微知著，言近旨远，没有宏论，却发人深省；每每会意，竟好似甘醇佳酿，一饮而沁心脾。

书稿分“数学之思——我的数学思考”“数学之行——我的数学探索”“数学之惑——我的数学发现”“数学之韵——我的数学感悟”及“数学之外——我的教育故事”五个板块，语言清新活泼，案例鲜活生动，徐老师从自己的所思、所行、所惑、所悟的视角切入，将自己17年来对数学教育的探索和实践以及挚爱教育工作的丰富情感娓娓道来，立足数学又不失人文气息，见解独到，文理交融，趣味横生。

书稿的第二部分对数学学习力的研究和探索是我最喜欢的章节。徐老师从教之初，就十分关注学习力的研究，到现在已有十几年了，研究论文成果已有多篇在省级以上报刊杂志发表。书稿立足一线教学实际和初中数学学科特点，把学习力的表现形态、提升策略、学法指导、评价办法、教学策略、与深度学习的关系等内容条分缕析、深入浅出、理论和实际相结合，全面揭示了学习力内涵本质及其教育意义。"唯有把如何实现学生的深度学习、提升学生的学习力放在数学教学的主导位置，我们的教育理想才会照进现实"的观点令人耳目一新，印象深刻。学习力是集学习者的动力、毅力和能力为一体，是促进学生的可持续发展的一把"金钥匙"，是学生的综合素质的体现。这不禁使我想起了国家在 2016 年 9 月提出的培养发展学生核心素养理论，二者竟殊途同归、不谋而合，有着异曲同工之妙。徐老师对学习力理论研究、探索和应用，令人不得不佩服其在教育领域的远见卓识和对数学教育发展规律的精准把握。

教师的发展是教育成功和学生发展的前提。可以说，离开教师的专业化发展，任何教育改革和发展的设想都难以成为现实，但提高教师的专业化水平，促进教师的专业成长的路在哪里？徐老师在书稿中结合自己的教学实践，以"提升学生学习力，实现深度学习"为重点，从如何做一名理想中的数学老师、如何进行有效的数学学习、如何从诸多维度更好地开展数学教学、如何进行个人的专业发展等不同角度，以问题为课题，坚持从已有的教育教学的经验中寻找生长点，从教育教学实践的突出问题中寻找突破点，从教育教学实践发展的趋势中寻找联结点，从教育教学的先进理论中寻找支撑点，注意积累遇到的困惑和得到的启示，并加以研究总结，反思提升，积极思考，勇于实践，千方百计寻找问题解决办法。毫无疑问，这个过程就是老师个人专业成长的过程，同时也是体验教育工作的乐趣和创造性，获得职业幸福感的过程。因此从这个意义上说，此书的出版对青年教师的成长有着重要的启迪价值和指导作用。

我真心希望，也完全相信，徐杰老师能以该书的公开出版为新的起点，继续充分发挥自己的专长特点，继续勤学不怠、笔耕不辍，为全市乃至我国的数学教育界做出新的贡献。

刘旭东

2018 年 8 月 1 日

序　言（序二）

几天前，收到了徐杰老师的信息，得知她被评为当地科研带头人，习惯性地回复祝贺一下，也并没太放在心上，因为我感觉一个不断学习钻研的老师获得一个荣誉是再正常不过的了。可是，次日又收到了徐老师发来的书稿《全品数学——一个初中数学教师的探索与研究》，便觉眼前一亮，迫不及待地想知道她思考了什么，大致浏览，仿佛已看到了她在数学教学中且行且思、有惑有韵的生命样态。

在人们的印象中，一个初中数学教师的日常生活一定是被大量的数学试卷环绕着，一定是被中考的考分牵引着，一定是被怎么也做不完的数学题绑架着，一定是被一些怎么也考不好数学的学生困扰着的，甚至还被教学之外杂七杂八的事务奴役着，他们教书但不读书，摆一幅生硬的面孔，严厉而刻板。是的，我们确实不否认这是一种普遍现象，然而也有一些老师，虽然也脱不了分数的牵引，也逃不掉应试的绑架，但是他们读书思考，思考教育教学的价值，思考教育现象背后的归因，寻找教学改进的策略，更重要的是，在他们自己的课堂上进行了有益的变革，创生了更加适合学生成长的生态，正是一个个这样的老师，形成了一股强大的变革的力量，推动了教育的前行。徐杰就是他们中的一员。

善于思考与提炼，形成自己独特的教育教学主张，被公认为是优秀教师走向成熟的重要标志。细读徐杰的书稿，我欣喜地发现，经过十七年教学实践的磨练，徐老师对数学教师、数学学习、学科的教育价值、对教师的专业发展等诸多方面都有了相当深入的思考，开始逐渐形成自己的教育观、教学观、学习观、教师观、学生观等，这些观点集中体现在她书稿的第一部分。如："数学教育在培养人'辩证、清晰、简约、深刻'等思维品质，培养人'运行有章、计算有法、应用有方、分析有理、假设有度、论证有据'等思维方式,培养人'勤奋、刻苦、勇敢、机智、顽强'的精神等方面有独特的功能"。这体现了她的数学教育观。再如,"数学教学,培养学生的思维方式是需要我们永不停息地去探索和追寻的"这其实就是她的数学教学观。什么是一节好课?这是教育界老生常谈,又是常问常新的问题,徐老师毫不回避:好课就是"一个好的立意,一类好的问题,一些好的语言",她认同"教学目标要简明,教学内容要简约,教学环节要简化,教学方法要简便,教学媒介要简单"的"五简"好课,并借用林清玄"化妆的三重境界"来类比课堂的层次:三流的课堂是形式的课堂,二流的课堂是思维的课堂,一流的课堂是生命的课堂。这些的观点,简约而深刻。

一个数学教师的功底,最主要的体现在他的课堂上。徐老师的课堂什么样?我们可以从书稿的第二部分得到答案。我们注意到,徐老师对数学阅读教学、数学解题教学、应用题教学、分层教学、数学学习习惯培养、数学语言培养都做了很多探索,形成了自己宝贵的教学经验和教学主张,而徐老师下功夫最多、篇幅也最大的,还是在培养学生"数学学习力"和"数学深度学习"方面的探索,正是这些有益的探索,使她的课堂始终充满了生命的活力,深受学生的喜爱。在这一部分,我们还能读到若干教学实录的片段,通过这些片段我们得以深入到教与学的细节,窥见思维碰撞的火花,聆听生命拔节的声音。

著名学者张文质曾说,"随着对生命复杂性的理解,整个社会也终将会认识到,教师这种工作其实是世界上所有职业中最难的"。教师之难,从徐老师的"惑"中也可窥见一斑。请看:"数学考试怎么又丢分了""讲过 N 遍,还是不会做""一看就会,一听就懂,一做就错""95 分和 100 分差距在哪里"……诸如此类的问题,作为数学教师的你我,是不是也都遇到过?遇到这些问题,你又是怎么解决的呢?徐老师又是怎么解决的呢?赶快读一读徐老师的书吧,这里有各种实用的妙招,只有在一线摸爬滚打的老师才可能有的妙招!更重要的,还有这些妙招背后的心理学原理。

数学从来不是冰冷的存在。有人说,数学之美,非"美不胜收"不足以表达;数学之巧,非"巧夺天工"不足以描述;数学之妙,非"妙不可言"不足以形容;数学之用,非"宇宙之大、粒子之微"不足以涵盖。徐老师说,"许多人喜欢数学,是因为代数的神韵,几何的优雅;许多人憎恨数学,是因为繁难的计算,枯燥的证明。没有哪门学科像数学这样,能引起学习者爱与恨如此强烈的情感。"当一个数学教师,如果能善于让学生发现数学之美,表达数学之巧,感受数学之妙,长于数学之用,就说明他的教学已开始超越学科的范畴,达到了一种文化的高度,融入了爱的元素。夏丏尊先生曾说:"教育没有了情爱,就成了无水的池,任你四方形也罢,圆形也罢,总逃不了一个空虚。"在本书的"数学之韵"和"数学之外"两部分,我们看到了徐老师对数学文化的探索和在教育教学中对学生奉献的无私的爱。

徐杰老师曾是我齐鲁名师工作室的成员,也曾是我主持的一个省级课题的课题组成员,繁忙的教学之余,她还在临淄外国语学校做着一些管理的工作。近年来,齐国故都临淄的教育事业蓬勃发展,涌现出一批名家名师,著名特级教师毕义星,齐鲁名师王会芳、王云洁,齐鲁名校长杨世臣、孙正军,全人教育奖获得者常丽华等都来自临淄,可见临淄具有名师成长的良好生态,在这样的生态中耕耘,年轻的徐杰老师成果可期。衷心祝愿徐杰老师保持持续的学习、思考和探索,不断取得更大的成绩。

刘同军

2018 年 8 月 7 日

目　录

数学之 *思* ——我的数学思考

1

数学之*行*——我的数学探索

数学之**惑**——我的数学发现

数学之**韵**——我的数学感悟

数学之**外**——我的教育故事

数学之 思——我的数学思考

　　数学是一种精神，一种理性的精神。正是这种精神，激发、促进、鼓舞并驱使人类的思维得以运用到最完美的程度。

　　　　　　　　　　　　　　　　——[美]克莱因

我对数学教师的思考

工作十七年,我思考最多的是,怎样才能做一名我理想中的数学教师?

我理想中的数学教师,要有扎实的数学知识和丰厚的数学底蕴。

他要熟悉教材的编排体系,熟悉"大纲"的要求,对教材的重点、难点和知识的前延、后续谙熟于心;要熟悉典型例题、习题,对其解法与变式信手拈来;要熟悉每一个章节、甚至每一节课所蕴含的数学思想和方法;要有比教材更加宽阔的视野,熟悉与教材相关的数学发展史、数学家的故事以及其他相关的学科育人素材。

我理想中的数学教师,要酷爱数学,对数学情有独钟。

他因为酷爱,更善于思考;因为情有独钟,更勇于创新。不仅如此,还要能够随时随地表现出数学人思维活动的敏捷性、语言表达的逻辑性、数学建模的技巧性、解决问题的准确性,对数字特别敏感,对运算相当熟练。

我理想中的数学教师,应当有娴熟的教学技能,有上乘的课堂教学艺术。

他能够灵活运用心理学、教育学的观点来支撑自己的教学,能够有清晰的课堂结构意识,并对此进行准确的调控和反馈;能够以学生为主体,从"教会"到"学会"到"会学"。他不是只停留在知识技能训练层面上的教书匠,而是善于运用数学思想方法启迪和发展学生思维、善于在数学问题的解决策略上给予学生科学指导的智者。

我理想中的数学教师,应当有高超的语言艺术。

他要善于用语言,在知识传授中塑造学生良好的个性心理,善于激发学生热爱数学、迷恋数学的情感,挖掘学生的非智力因素。正如苏霍姆林斯基说:"教师高度的语言修养,在极大程度上决定着学生在课堂上脑力劳动的效率。"教师精炼、准确的语言、节奏明快的语速、引人入胜的语调,旁征博引,环环紧扣,机智灵活,幽默风趣,会把每一个学生学习的动因充分激活。作为一门抽象学科的教师,更应如此。

我理想中的数学教师应当懂得并重视情感态度的培养。

他要善于用自己对数学的情感,激发学生的学习热情。古希腊伟大的哲学家和教育学家普罗泰戈拉曾提出一个著名的哲学命题,也是一个重要的教育原则,即"人是万物的尺度,是存在者存在的尺度,也是不存在者不存在的尺度"。这是柏拉图对这句话的解释:"同样的风在刮着,然而我们中间有一个人会觉得冷,另一个人会觉得不冷;或者一个人会觉得稍微有点冷,又有一个人觉得很冷。"柏拉图正确地解释了普罗泰戈拉命题的含义:风冷不冷不决定于风的客观存在,而决定于人的感觉,决定于主体。这个颇有相对论味道的命题告诉我们,就数学教学而言,教师教得好与不好,不只决定于教师的教,还取决于学生的学习情感、学习意志、学习习惯和学习能力。《义务教育数学课程标准(2011年版)》(以下简称"课标")倡导"人人都能获得良好的数学教育,不同的人在数学上得到不同的发展"的课程基本理念,就包含着对学生健全人格发展、学习自信心、责任感、合作意识、创新意识、求实态度和科学精神培养的要求。

我理想中的数学教师,是一个能够运用哲学思想教数学的教师。

德莫林斯说:"没有数学我们无法看透哲学的深度;没有哲学,人们无法看透数学的深度;而没有两者,人们就什么也看不透。"他要让学生感悟到,在数学中,存在物质第一性、联系与发展、对立与统一等哲学思想,要有"深挖"的意识,有意识地挖掘教材中的辩证因素,从而揭示知识之间的本质联系。

我理想中的数学教师,还要是一个幸福、快乐并让学生在数学学习中也能够感受到幸福和快乐的教师!

我对数学学习的思考

我们知道,数学学习包括数学知识的内化、数学技能的形成、数学思维的整合、数学方法的运用和数学文化的浸润。

数学学习的分类,按数学学习内容可分为数学公理、定义、概念画图、绘制图标等,数学思想、数学方法、数学经验等;按表现形式可分为数学知识学习、数学活动经验的学习、创造性学习活动经验的学习;按数学知识可分为数学的基本概念、基本规律(定理、法则)和术语等的学习;按数学活动经验可分为相应的数学发生、发展和应用过程中的经验学习。

数学学习有 3 种不同的层次:一是学"懂"了,即理解了某种知识,知识不能仅靠教师的讲授而学懂,更要靠自主探索的方法获得;二是学"会"了,即能用学懂的知识解决问题;三是"悟"到了,即悟出方法与规律,这是数学思考的过程。

有效的数学学习来自学生的参与,而参与的程度与学生学习时产生的情感因素密切相关。正如皮亚杰所说:"没有一个行为模式(即使是理智的)不含有情感因素作为动机。"在数学学习中,学生作为学习的主体,其情感因素直接影响学习的效果和质量。学生一旦对学习产生了兴趣,学习就不用别人催促,而会自觉主动地进行。我们要根据数学知识的特点,设疑激趣,用数学知识的思维美、结构美诱发学生学习兴趣,促使学生变被动学习为主动获取,才能促进学生智力因素和非智力因素协调稳定地发展。

一、数学学习在于积累

我们普遍认为,文科学习在于积累。通过实践,我认为,理科(特别是数学)学习同样离不开积累。那么,数学学习需要积累什么?

根据数学学习特点,可以从如下四方面进行积累。

　　(一)积累数学基础知识

　　苏步青先生说,"正确理解数学的基本概念之所以重要,是因为它是掌握理解数学的基础知识的前提"。犹如造房屋那样,基础打得牢靠,将来在它的上面造起来的房屋不会塌毁。所以,学好数学,积累基础知识是前提。

　　比如,解方程 $3-4(x-2)=5x$。要解答这个问题,至少要求学生掌握以下基础知识:解方程、方程的解的概念、去括号法则、等式的基本性质、移项、合并同类项的法则等。学生只有具备了这些基础知识,才能顺利地完成该方程的求解。而掌握一元一次方程的解答,又是进一步学习其他数学知识的基础。

　　(二)积累数学思想方法

　　一种数学思想的形成需要经历从模糊到清晰,从理解到应用的长期发展过程,需要在不同的数学内容教学中提炼、总结、理解、应用中逐步形成。学生只有经历这样的过程,才能逐步悟出数学知识、技能中蕴含的数学思想。

　　(三)积累解题方法

　　1.增强例题示范性。

　　罗增儒教授说:"分析典型例题的解题过程是学会解题的有效途径,至少在没有找到更好的途径之前,这是一个无以替代的好主意。"在学习中,学生必须明白,例题是怎样想出解题方法的,为什么要那样解题,有没有其他的解题途径? 这才是最重要的东西。

　　2.识记结论,搭建解题高平台。

　　如果把解决一个题目比作爬一座山的话,直接做法是从山底一步一步爬到山顶,而利用已有结论或者基本题就是乘车至半山腰再往上爬,起点越高就越接近终点。尽管有的结论在考试中不能用,但是对于选择题和填空题是毫无问题的,即使对于大题,也可以通过先对基本结论证明的方式进行说明,以掌握解题分析策略。

　　教师常常比学生更快找到解决方案,靠的就是多年积累的方法和经验!

　　(四)积累基本经验

　　数学学习过程本身是一种经验积累的过程,遇到什么问题,采用什么方法,往往以经验做出判断。比如,在学习相似三角形的相关知识时,我们可以借助学习全等三角形时积累的经验;在学习二次函数的图像和性质时,我们可以借助学习一次函数、反比例函数的图像和性质时积累的经验。又比如,在学习多项式乘法时,学生已经初步感受到"用图形的面积解释多项式乘法法则"的合理性,也相应积累了一些借助图形来研究代数问题的学习经验,在接下来的平方差公式、完全平方公式等乘法公式的学习中,也就能进一步感受到运用图形面积来证明乘法公式的几何意义。这样,学生就会逐渐学会代数恒等变形的方法和策略,在处理因式分解中的设计题时,学生也会自觉运用这种思维活动的经验,去尝试拼图,去发现结论。

二、数学的学习不能靠死记硬背

为什么数学会学不好?是因为学习方法不对。为什么把一道题做很多遍的人,往往比把很多题只做一遍的人成绩好?因为一旦掌握了数学思维方式,解题就很简单了。

不能光靠死记硬背!做题的目的是为了训练逻辑思维能力、思考能力和发现能力。

数学的学习不能光靠死记硬背,对那些依照计算法则死记硬背下来的知识提出疑问,就是学习数学的关键。不能光靠死记硬背,必须掌握对"数字"和"逻辑"的分析技巧。

作为知识的数学,通常在学生毕业后一两年就忘记了,而不管以后从事什么工作,那种铭刻于大脑的数学精神和数学思想方法在他们的生活和工作中却发挥着重要作用。

美国教育家杰夫·科尔文在《哪来的天才:练习中的平凡与伟大》一书中指出:"非凡的成就不取决于天赋,而是坚持不懈的刻意练习。刻意练习不同于普通练习,普通练习是重复性和无意识的,而刻意练习需要打破习惯,需要更大的专注力,并在名师的指点下,使技能方法思想境界迈向更高的层次。解题千万道,解后抛九霄,是难以达到提高解题能力、发展思维的目的的。善于做解题后小结,回顾解题过程,总结解题经验和体会,进而做一题多解、一提多问、一题多变的思考,挖掘题目的深度和广度,扩大题目的辐射。"

所以，在数学学习中，既要注意解题技巧的积累，又要关注一般性方法的掌握，这样就能避免小题大做，又可避免弄巧成拙。对于一般解题步骤与解题技巧来说，前者是通法，后者是技巧；前者是基础，后者是机智，只有真正掌握了一般步骤，才能熟能生巧。

我对数学教学的思考

我对数学教学的理解总是随着时间的推移而变化,但有两点是不变的:一是教学思维,二是教学艺术。这两点也是深受裴光亚先生的启发。

关于教学思维,裴先生曾经指出:"数学是培养人思维的一门学科,其能力的核心是思维能力,因此数学教学就是思维的教学"。但思维能教吗?答案是,不能。这就是一个悖论:数学要教会学生思维,而思维又是不能教的。

思维不能"教",也就是说,作为数学教学,思维是不能直接作用的,就像我们不能直接撬起地球一样,需要有支点。

"只要你给我一个支点,我就能撬起地球。"那么,作用于思维的支点是什么呢?

一是境,即问题情境。所谓思维,简而言之就是"想"。问题情境并不告诉你怎么想,而是激发你自己去想。

二是说,学生是否在想、想到了什么,我们不知道,但我们可以要学生说出来。因为我要你说出来,你就不得不想,而且要想明白。怎么说?先自己说,再互相说,然后教师对"说"评判,提升想的质量。教师忍住不说,恰到好处地说才是教学的艺术。所以,当为了想而运用说的时候,说就成为想的支点。即,说是思维的支点。

关于教学艺术,裴先生的观点是:"教学艺术的基本特征,就是错位"。

为了抵达目标,而偏离目标,其实不是偏离,而是营造目标赖以存在的环境,或者,在发散的目标中追寻真正的目标。教学的基本特征就是错位,错位的方式有很多种,归根结底,就是不把结论直接告诉学生。

举一个例子:高斯10岁时会用简便方法计算前100个正整数的和。现在我们10岁的小学生也会算,也是用的简便方法。那是因为,我们一些小学教师,早就把等差求和的秘籍泄露给了自己的学生,他们只需要套公式就够了。高斯的教师当然知道等差数列的求和公式,但他不讲,于是才有了高斯算法的千古佳话。我们讲了,随着问题情境的消失,不只是淹没了可能出现的高斯,也淹没了每一个个体与生俱来的创造精神。

所以,数学的教学,培养学生的思维方式是需要我们永不停息地去探索和追寻的。

我对数学教育价值的思考

许多人喜欢数学,是因为代数的神韵,几何的优雅;许多人憎恨数学,是因为繁难的计算,枯燥的证明。没有哪门学科像数学这样,能引起学习者爱与恨的强烈情感。

我们知道,教育的起点不在于一个人有多么聪明,而在于怎样使人变得聪明,在哪些方面变得更聪明。学生与生俱来就不相同,他们没有相同的心理倾向,也没有完全相同的智能,但都有自己的智力强项,有自己的学习风格。当他们通过数学学习,感觉头脑更加聪明,处事愈加有条有理、客观公正,能够用数学的思想方法分析问题、解决问题,探索自然与社会的奥秘时,数学的教育价值也便得到了很好的体现。

一般的数学教育,不能忽略讲解数学的艺术性,也不能缺少指导学生从欣赏的角度学习数学的必要性。把难的讲成容易的,讲成通俗易懂的,本是数学教师应具备的职业本领,但现状是愿意或有能力在这方面下功夫的人太少。将复杂的、难懂的高深的数学知识讲得浅显易懂,而这却是某些教师的短板。所以,我们要想方设法把数学教得容易一些。

我认为,数学教育说到底的是数学中的道理和原理,绝不仅是教结论,也不宜追求立竿见影马上能用的实惠。关键是要让学生明白这个结论;一时搞不明白也没有关系,能设法让学生就此存疑也是好事。追求毕其功于一役的数学课是不现实的也是毫无必要的。

一个人数学能力的强弱,并非单纯用算数能力所标识,关键指标是能否讲道理、明原理。像华罗庚提出的那样,想方设法教数学,把数学教得容易一些,使学生通过数学学习掌握一些讲道理、求原理的能力,才是数学教育所应当追求的。

数学教育在培养人"辩证、清晰、简约、深刻"等思维品质,培养人"运行有章、计算有法、应用有方、分析有据、假设有度、论证有据"等思维方式,培养人"勤奋、刻苦、勇敢、机智、顽强"的精神等方面有独特的功能。

当学生走出校门,具体的数学知识很快会遗忘,留在记忆中的数学,是有趣的数、美妙的形、精致的概念、精美的问题、神奇的规律、深邃的哲理、深刻的推理、益智的游戏以及严谨的理论结构、简洁明快的语言、应用广泛的思想方法。

这也就是我们倡导的文化视野下的数学学习,是将静态的数学文化转化为动态的数学文化的活动与过程,它突出体现了知识的内化、方法的感悟、兴趣的激扬、审美的引领。

因此,我认为数学教育是一种人类理性探索和求知精神的潜移默化的影响过程,是一种数学文化传承的过程,是一种完善人格的教育过程,正如吴正宪所说:"在儿童人格成长中烙下五颗数学的印(即诚实守信、遵守规则、坚守责任、拥有毅力、反思自省)。"

我对一节好课的思考

听一堂好课非常享受,如同欣赏生活中很多美好的事物一样,常常能感受到其中的美、艺术感,却很难说得真切。"此中有真意,欲辩已忘言",大概也是说得这个意思吧。好课总是与日常情境关联、与学生已有知识关联、与课内情境关联。

那么,一堂好课是什么样子呢?

我认为,好课总是指向八方的:指向生活情境、指向抽象能力、指向严谨归纳、指向"基本套路"、指向对话教学、指向开放教学、指向互惠共进、指向学力发展。

好课也是遵循基本套路的:沿着"定义、相关概念、表示法、分类、定理"这样的基本套路。

好课既要有先进的理念也要有理性的思考,如何突出重点、如何突破难点等,教师只有从教材理解的深度、拓展的宽度和指导的高度进行全方位的理性思考,才能科学地设计出一节使学生真正受益的好课。

好课要遵循"三讲三不讲"原则,即教师在课堂上只讲"易混点、易错点、易漏点",而不讲"学生已会的,学生能会的,学生怎么学也不会的"。

好课要坚守,教学目标要简明、一堂课彻底解决一两个重点问题足矣;教学内容要简约,把关乎学生终身受用的"核心知识"讲透足矣;教学环节要简化,启发学生思考一两个有价值问题足矣;教学方法要简便,真正能为学生所用足矣;教学媒介要简单,把看不到摸不着的东西让学生观察到足矣。

好课,应该是留点时间,留点空间,留点暗示,让学生去思考、联想、探究的课;好课,应该是用文本的"核心知识"培养出一点"核心能力"的课。在我们的基础教育阶段共有一万多节课,一课一得就能掌握一万多个核心知识。

好课应该是可以讲故事的课。因为讲故事,数学课变得不再枯燥无味;因为讲故事,学生变得更有教养、更有文化、更有追求、更懂得生命的意义。

好课必须从技术回归科学,从形式回归内容,从虚假回归真实,让教学从具有普遍规律中找到集体突围的出口。

好课应当是自然的课。林清玄在散文《生命的化妆》中,写道:"化妆的最高境界可以用两个字形容,就是'自然',最高明的化妆术,是经过非常考究的化妆,让人家看起来好像没有化过妆一样,并且这化出来的妆与主人的身份匹配,能自然表现那个人的个性与气质"。没有想到,化妆的最高境界竟是无妆,竟是自然,这可使我刮目相看了。类比我们的数学课堂教学,应该崇尚行云流水般的自然流畅,而非任何流于形式的作秀;应该给予学生以广阔、自由、纯真的空间,而非人为的设置;更应该还给数学理性自然的真面目,而非过于矫情的人文渗透。

什么样的课才是好课?最朴素简单的想法,一堂好课追求的是一个好的立意,一类好的问题,一些好的语言。

最后,我想借用林清玄"化妆的三重境界"来概括:"三流的化妆是脸上的化妆,二流的化妆是精神的化妆,一流的化妆是生命的化妆"。类比我们的课堂:三流的课堂是形式的课堂,二流的课堂是思维的课堂,一流的课堂生命的课堂。

我对专业发展的思考

叶澜说,教育生活应该成为一种有研究的生活,如果教师只是重复着"推磨式"的生活,久而久之必生倦怠。吴非说过,教师专业水准差异在"业余"形成。那么,有益于专业水准提升的"业余"做什么? 我认为,那就是通过学习和研究,形成一定的教育智慧。

一、学习和研究

所谓"学习",就是要学习课标教材、主流期刊、书籍名著,以此形成正确的教学观,并及时更新知识,拥有更多教学智慧。所谓"研究",就是研究课程标准、课堂教学、数学主题,以此把握教学导向、抓住核心阵地、促成自己一专多能。叶澜也指出未来数学教师的专业素养应至少包含教育理念、专业知识与实践能力三个方面,此外还需要结合一定的教育智慧。

二、修炼学习力

每个人的成长都要靠自己,靠外部是没有用的。外部只是影响,但是最终的变化,真正的成长是个体的事情。学习是成长和进步的阶梯,所以,教师如果想要成长,就必须修炼学习力,从而提高学习效能,将自己的学习成果转化为教育价值的修炼过程。修炼学习力需要活力、定力、能力和组织力。

教师的学习活力来自于需要、情感和兴趣。教师不但要有专业素质,还要有广博的知识和良好师德情操。教师如果失去学习的兴趣,就断掉了学习源头的活水。

教师的学习定力是学习的坚定性和意志力。教师对学习的心理和态度应该是不为境转，耐得住寂寞，经得住挫折。

李政涛在《现场学习力——教师最重要的学习能力》一文中指出，对于教师来讲，生命所在的地方就是教育现场，教师的学习能力，最重要的是现场学习力。对教师来讲有四种现场：自己的教学现场，同行的教学现场、教研组教研活动现场、各种培训讲座的现场。

良好的现场学习力，表现为专注力、捕捉力和转化力，有这些能力的人会带着两种东西进现场：

一是"钉子"。在听课过程中，她的手机处于关机状态，听课笔记从头记到尾，她的注意力牢牢钉住教师和学生在课堂上的一举一动，不放过每一个细节。这就是"专注力"。

二是"钩子"。把有用资源钩出来，叫作捕捉力，不光钩到笔记本上，还要钩到日后的教学过程中，把听到的上出来，把上出来的说出来，把说出来的写出来。这就是"转化力"。

三、形成专业理想与品格

所谓"形成专业理想"，就是指作为教师应当有自己的理想和追求，随着教学生涯的推进，每个人都应当去规划，是做一个学者型的教师，还是艺术型的教师；是做奉献型的教师，还是智慧型的教师；是做改革型的教师还是创新型的教师，每个人都为专业追求而活着，为专业理想而拼搏，只有发展了教师的专业理想，才能提高教师的档次，提升教师的品位。

所谓"形成专业品格"，不外乎以下三点，一是确立终生从教的信念，进入大学听到的第一句话就是："教师是太阳底下最光辉的职业。"因此要为自己终生从教，产生一种职业自豪感。二是育人为本，教师的本职工作不光要教书，更要育人，把育人放在首位，以育人为本。三是为人师表，学高为师，身正为范，作为教师必须加强自我修养，提高自身品行。

总之，教师专业发展应当有层次的。首先是发展教学专业知识，继而发展教学专业能力，这是成为优秀教师的基本要求，而发展教育专业理想，形成专业品格，这才是成为卓越教师的必备条件。

我对基础性教学的思考

做任何事情,基础总是重要的。我国数学教育的一个强大优势就是强调基础知识的教学和基本技能的训练,从而让学生有扎实的基础,这与我校所倡导的基础性教学是不谋而合。

读了张孝达老先生的《双基观》(知识教学观、技能形成观),我更加清晰了。新课标倡导的四基(基础知识、基本技能、基本思想、基本活动经验)其实就是蕴含在传统的理想的双基(基础知识、基本技能)中。他旗帜鲜明地反对"学什么知识并不重要,重要的是培养能力"的观点,他认为知识、能力都重要。

一、如何使学生掌握好数学知识

张先生认为首先应该解决教师的问题,要在教师培训中"把掌握教材的整体体系及其结构放在首位",着重弄清以下五个方面的问题。

(1)数学课程的地位作用。初中数学有哪些内容,为什么要讲这些内容,即它们在生产劳动、工作和生活,以及进一步学习中有什么作用。

(2)对教学要求的理解。这些内容应该达到什么样的要求,为什么要这样要求。

(3)对教材结构体系的把握。这些内容是怎样安排的,为什么这样安排,各个内容、各部分的系统和他们相互间的联系。

(4)对教材呈现方式的把握。这些内容课本是怎样讲的,为什么这样讲,在备课时还应结合本班学生情况,考虑这种讲法需要做哪些调整和改进。

(5)具体知识的教学理解。这些内容怎样教学,为什么这样教学。

在强调教师认清楚这些问题的基础上,张先生又提出了数学教学中要特别注意的五个环节:集中注意力、弄清事实、思考改造、语言表达和举例引用。

集中注意:把学生的注意力集中到所要教的内容,引起学生对所学内容的兴趣是集中注意力的有效方法。这说明要重视挖掘数学内容本身的兴趣激发点。

弄清事实:引导他们去认识实际实例或知识中的数量关系和空间形式。实际上这是引导学生分析具体事例的数学属性的过程。

思考改造:进一步引导学生对表象进行思考加工,这里的思考要由学生自己完成,不能由教师代替,但教师的作用决不能低估,为了摆正教与学的关系,通过正确发挥学生的主体作用和教师的主导作用来改革教学法,必须充分贯彻启发式思想。这一点顾飞宇在《协同教育的101个视角》中这样解释教学,教学:教授——学习。教授、学习的联系是个"场",即教学场。教授归教授,学习归学习,就没有场,就没有教学的发生,就不是真正意义的"教学"。教育教学"场"的变化是不确定的,但教育教学的"场"是客观存在的。两位大师的思想亦是异曲同工。

语言表述:学习数学,形成概念、得出原理和方法的同时,还要学会用数学语言来表述它们,不但要会用普通语言来表述,而且还要会用符号语言来表述。

举例应用:其目的是使学生了解并掌握怎样运用所获得的数学知识去分析和解决问题,从而也就使学生进一步加深对知识的理解,特别是使学生逐步学会用知识分析和解决问题的方法。

再从另外一个角度看:张先生认为,集中注意力、弄清事实、思考改造、语言表达和举例引用,大体上是完成由感性认识飞跃到理性认识然后返回到实践解决问题的过程。这就是一个知识单元教学的过程,先从实际实例或从已知知识中抽象概括出概念,通过推理得出性质、定理、法则、公式等,然后举例说明如何运用知识去分析和解决问题,并配置习题让学生练习。

张先生所提倡的知识教学,就是要让学生经历知识的发生发展过程,使学生在获得知识的同时,发展获取知识的能力,也就是说不仅要使学生学会,还要使学生会学,要培养学生的自学能力。他认为学生一旦具有这种能力,教学效率可以大大提高,学生获取知识的进程也可以大大加快。

他同时指出,不重视知识体系的掌握而只运用题海战术求质量,甚至在学生对基础知识还没有弄懂的情况下去追求做难题,这就是舍本逐末,结果一定事倍功半,高分低能,这是当前数学教学中的一个大问题。

二、如何使学生形成技能?

张先生认为,在大面积提高初中数学教学质量中,技能将是一个十分重要而且能够迅速见效的方面,抓好了技能训练,教学质量就有可能迅速、稳固地提高,这是由初中数学内容决定的。

运算、识图和画图、推理论证以及语言表达是数学技能的主要内容。张先生认为,凡是技能,都应该做到正确、迅速,而基本技能则必须做到熟练。只有知识变成技能后,才能更好地理解新知识,才能让新知识变得更有用。

比如有理数运算法则、整式四则运算法则、解方程步骤、画图、证题的基本方法等。它们必须转变成技能,否则既不能巩固,也不能应用,只有在这些知识转变成技能后,其他的知识如有理数的性质、运算律、方程同解原理和图形性质等才能变得有用。

再比如一元二次方程求根公式,就要拥有整式运算包括因式分解、分式和根式运算等一系列基本技能,其中任何一个技能不过硬就会使推导产生困难。张先生指出,数学技能的重要性,越是在基础阶段越是重要,所以初中数学教学一定要重视基本技能的训练。

1.运算

运算技能是代数教学的主要目的之一,一些基本的内容需要强调。例如,有理数运算、符号处理必须准确,特别在去添括号(包括因式分解和去分母的过程中)、移项时要进行强化训练;20以内特别是12以内的平方及其逆、10以内特别是5以内的立方及其逆,这些都要应答如流;在学二次方程之前应解决符号处理问题,这样才能扫除代数运算和解方程的学习障碍。

2.识图和画图

识图和画图是学习几何的主要手段和目的之一,也就是说要通过图形直观来学习几何概念和原理,包括尺规作图,有几项基本技能必须掌握。

第一,熟悉画图工具(包括三角板),知道它们的功能并正确灵活使用;第二,掌握画直线和用圆规画圆和弧的方法,练好基本功,即画直线时要精确地过两点,画圆时圆心和半径要精确;第三,画(作)垂线、平行线和角平分线,以及直线与圆、圆与圆相切时要精确;第四,能分清实线与虚线,虚线的点或短线距离较匀称;第五,整图符合要求,一般图形不要画成特殊图形,要合乎规范。

3. 推理论证

张先生认为推理论证属于思维范畴,更多的是能力的因素。初中需要培养和发展的思维内容多种多样,但要重点加以训练的一是演绎推理,特别是三段论,二是分析法和综合法。

这是日常生活中经常运用的,数学中更少不了它们,而且数学内容的抽象程度和复杂程度越高,使用分析法和综合法的要求也越高。学生学习初中数学第一个较大的难点是列方程解应用题,除了代数方法和算数方法不一致的原因外,对分析、综合的训练不足也是一个原因,因此有必要加强对这种思维方法的训练。

数学还有一些特殊的方法,如字母表示数进而发展到字母表示式、函数,还表示点、直线以及面和体,再加上其他一些符号,使极复杂的事物关系和规律能够用极简单的形式表示出来,使了解这些符号意义的人能够一目了然。如果我们重视这一方法的运用和训练,对学好数学是有重要帮助的。

4. 语言表达

数学有自己的一套语言,包括各种符号及其组合,所以学习数学也可以说就是学习数学语言及其运用。初中的数学语言相对来说还是比较接近生活语言的,但如果学生满足于日常生活的感性认识,不去完成认识上的飞跃,会造成对知识的一知半解。另外简练而精确的数学语言,如概念的定义、法则的表述、用公式(符号)表示定律、数量关系等等,学生很不习惯,因此学生要学会这种表达,首先是理解,然后还要训练使之变成技能。

(1)记忆通向理解直至形成直觉。只有良好的数学记忆,才能获得深刻的理解。理解就是记忆的总和,理解要形成直觉。在中国数学教学中,"九九表"的背诵和运用是一个突出的例子,学生脱口而出,就形成了运算直觉。

(2)运算速度赢得思维效率。牢固的知识基础和充分的技能训练所带来的速度,对提高数学学习效率是有益的。

(3)"重复"练习依赖变式获得提升。中国的教育传统表明,一个基本概念或基本技能的形成,需要一定程度的重复,这就是熟能生巧的教育古训。

依据张孝达先生的观点,我认为,基础教育阶段,学生的首要任务是理解和掌握数学知识,并要把掌握知识和培养能力统一在获取知识的过程之中。而帮助学生实现这一目标,应当把掌握教材的整体体系和结构(包括对数学课程的地位作用、教学要求的理解、对教材的结构体系和呈现方式的把握)以及具体知识的教学理解等放在首位。

我对解题教学的思考

在日常教学中,数学教师都安排大量的课时进行数学解题教学。但是对解题教学,依然存在一些误区和错误的认知。

一、解题教学不是只讲题

许多教师平时对解题教学的实施策略就是选择一些数学习题,让学生做,然后讲给他们听,接着进行模仿训练。这样,教师只是帮助学生找到数学问题的答案和做法而已。教师一来对例题的选题所承载的功能没有深入研究;二来忽视对例题的点评、归纳和提升。这样,时常就会出现高频度、低质量的题海训练。所以,解题教学要突出针对性,针对学生易发生错误的问题进行讨论,让学生在不断试错中反思。同时,解题教学要突出数学方法的运用,解题之后要思考,应用的是哪一类方法。对于数学解题来讲,基本的数学方法就是配方法、待定系数法、换元法、消元法、迭代法、构造法、反证法、数学归纳法等。我们在解题教学中要善于总结,用什么方法解决了这个数学问题,怎样才能让学生能从较复杂的问题中感知最基本的数学方法。

二、难题未必是好例题

如果在例题教学过程中,为了求新求奇,一味拔高例题的难度,忽略了学生的认知基础,甚至在低年级就开始大面积大量涉猎中考难度的题型,可能会本末倒置。

所以,教师在选择例题时,要充分把握学情,了解学生解题的潜在状态和前在状态。也就是要充分考虑到学生的认知水平与基础知识,不一味地"拔高"例题的难度,注重例题的层次性和解法的规律提升。

脑科学研究证明,学生在学习数学过程中,对每一个概念、法则、公式、定理、方法,从开始接触到透彻理解,从正确掌握到熟练运用,至少需要三遍。急于求成往往会适得其反,出现"一听就懂、一做就错"的情况。

三、范例的示范性不容轻视

解题教学最易疏忽的是课本中的范例教学,在日常的例题教学中,我们多数看中了对思路的分析和讲解,忽视了例题的解题步骤的示范作用,因而学生在用数学语言描述或者推理上存在严重的缺陷,比如:表述中因果关系不清、数学术语乱说、数学符号乱用等。

所以,我们在教学中要注重范例的示范功能:首先是呈现解题思维;其次是对解题过程进行陈述性地示范,多寻找和发现学生在解题表述上的不足之处并予以纠正、规范;最后让解题模式变为程序化,实现思维—方法—规范的转变。

数学教育家波利亚曾指出:"教师在课堂中讲什么当然重要,然而学生想什么、做什么却是千百倍的重要。"因此,解题教学还要突出思维能力的培养。教师应关注学生在阅读例题中发现方法的思维过程,重视解题思路的形成过程,同时也应当注意应用意识和创新意识的培养。

教学改革为我们带来了崭新的思维方式和极富创造性的教学思想和方法,但是一些传统意义上的解题教学方法也是应当保留的,比如我们变式教学、题组教学、问题式教学等。

另外,解题教学还应当突出数学思想,包括方程思想、函数思想、数形结合思想、转化思想、分类讨论思想等,只掌握数学方法而不具备一定的数学思想也是解决不了数学问题的。

我对数学阅读的思考

阅读是获取知识的重要途径之一，也是学习能力提高的重要因素。

谈到阅读，传统的观念，人们首先想到语文，其次是其他文科类的学科，认为只有文科才需要阅读，而数学等理科类的科目，只要记住公式定理，会运算、推理即可。但学生读不懂题意，即使有再强的解题能力也无济于事。

苏霍姆林斯基曾说过："让学生变聪明的方法，不是补课，不是增加作业量，而是阅读，阅读，再阅读。"一个阅读能力不好的学生就是一个潜在的差生。有关研究也表明，造成一些学生数学学习困难的因素之一就是数学阅读能力差，导致理解运用数学语言的水平低，在阅读和理解数学内容方面无能为力。而学生掌握数学术语的水平，是智力发展和接受能力的重要指标。数学语言发展水平的高低，直接影响信息的获取、思维的转换，从而造成信息接受量存在差异。因此，数学阅读能力的培养，显得尤为重要。掌握科学的数学阅读方法和技巧，养成良好的阅读习惯，就是掌握了获取数学知识、思想方法的金钥匙。

如何进行数学阅读？

一、读教材

数学阅读能力的培养主要是通过读教材实现的，认真读教材、学会读教材，是学好数学的关键。但是许多学生不重视阅读数学教材，既失去了一个无言的教师，又失去了自学的好习惯和培养自学能力的好机会。课堂上，学生仅靠独立思考、听教师的讲解和与同学们交流是难以丰富和完善自己的数学语言系统的，唯有通过阅读教材，才能规范自己的数学语言，提高数学语言的理解力和表达力，从而建立起良好的数学语言系统。

读数学教材,不能像看小说那样只用眼看,也不能只看结论或黑体字,而应该边读边勾画,边读边思考,多质疑、多联想。

(一)读概念、公式、定理、例题

要读出概念的本质属性是什么? 与之相关概念的联系与区别是什么? 公式是如何推导的? 定理是如何证明的? 公式、定理有什么样的应用? 例题解答的方法和关键是什么? 有没有其他的解法和进一步的结论? 古人言:"为学患无疑,疑则有进,小疑则小进,大疑则大进。"数学阅读过程中,我们会不时遇到问题,也会不断提出问题、发现问题并进一步分析解决这些问题,从而锻炼了我们探究问题、解决问题的能力。

(二)读过程、方法、框架与变式

阅读时,如果从上一步到下一步跨度较大,常需纸笔演算推导出来"架桥铺路"。从教材中概括归纳出一些东西,如解题方法、知识结构框架图或举些实例、变式帮助理解,或是易忘公式的记录、遗忘知识的补充,这些以旁批的形式标注,以便以后复习巩固。

(三)读重难点、本质、脉络与联系

数学家华罗庚曾说,读书有两个过程,一是把书由薄读厚,刚开始读的时候,有疑问不懂的地方,不断地写笔记、点评,书就越来越厚了;二是把书再由厚读薄,即学了几个章节,要看到知识的本质,相互之间内在的联系,也就是归纳总结。

初读重感知,遵循知识脉络;精读求理解,围绕难点重点;研读求发展,领悟方法思想。通过数学阅读,形成知识链,便于知识的记忆巩固,生成知识网络,掌握知识的来龙去脉和前后联系。

二、读课外材料

(一)读数学课外书

一节课的课堂时间毕竟是有限的,因此要在课后进行阅读延伸,鼓励学生读自己喜欢的数学课外书。要有针对性地向学生推荐一些数学史料书籍、数学名人传记、数学杂志,通过阅读让学生关注日常生活中的数学,捕捉身边的数学信息,体会数学的价值,了解数学研究的动态;通过阅读扩大学生的视野,拓宽学生的知识面,充分挖掘学生的个性潜能,提升学生的数学素养,从而培养阅读能力。

(二)读数学小论文、课堂笔记

学生在课堂学习中自主构建、派生出来的思维成果可作为阅读材料。例如:学生撰写的数学小论文、课堂笔记等,它可以是特别的解题思路、错误的解题集萃,或是各种数学问题等等。可以将同伴们的数学思维成果相互交换作为阅读材料,亲切自然,不仅可以激发阅读的快感,而且能引导学生学会关注、理解、整理他人的学习思路,为己所用。

数学是一种语言,语言的学习离不开阅读,阅读又是自学的主要形式,自学能力的核心是阅读能力,教会学生学习的关键就是教会学生阅读,培养其阅读能力。

因此,重视数学阅读,培养数学阅读能力,亟待引起每一位数学教师的重视。

我对数学学习习惯的思考

学生的学习习惯对学习力的提升有着显著的影响。很多学生的数学成绩不理想，并不是智力不够，而是学习习惯不好。我所在学校的数学组，在数学学科主任的带领下，根据每一级学生的情况，制定了数学学习习惯培养的具体要求和测评的量表。

一、课前准备习惯

1. 物质准备

①课本；②课本相关配套资料；③书写用笔及红笔；④作图工具；⑤错题本；⑥打草本。

2. 知识准备

①复习与本节知识相关内容，②预习本节将要学习知识。

3. 精神准备

调整到最佳状态准备上课，对自己进行积极心理暗示：我热爱数学，这节课我会学得非常认真，非常愉悦，我一定能够将教师所讲的内容全部掌握。

二、课堂听课习惯

做到耳到、眼到、口到、心到、手到。

1. 耳到

在听课的过程中，要听教师讲的知识重点和难点，又要听同学回答问题的内容，小组合作时也要善于倾听同学的观点。

2. 眼到

课堂上眼睛要看教师的板书,同学的板演,教师的表情、手势,还要看书,有时需要边看边听边记笔记,跟上教师讲课节奏,不溜号。

3. 口到

一是用规范的数学语言回答问题,表达自己的观点;二是要提出自己没有掌握的,课堂上新生的疑问。

4. 心到

课堂上要认真思考,注意理解课堂的知识,主动积极,听、看、说皆需用心。

5. 手到

就是在听、看、思的同时,要适当地动手做笔记,需要动手操作的时候要迅速、准确(比如画图)。

三、课后复习习惯

知识的遗忘是先快后慢,所以要及时复习、反复复习。

第一遍:刚上完课,利用1~2分钟时间将本节教师板书与笔记快速记忆一遍,将不明白的知识点记下来,抽时间问明白。

第二遍:晚上做家庭作业前,先将白天所学知识在头脑中回顾一遍,回顾不起来时再看书或笔记本。

第三遍:第二天上课学新知识前将第一天所学内容再复习一遍。

第四遍:第二天晚上做作业前将第一天所学内容连同当天内容一起复习一遍。

第五遍:周末将一周所学知识总结复习一遍。

第六遍:一章学习完之后进行单元测试前将要测试内容从头至尾复习一遍。

第七遍:第二章学习完之后连同第一章复习一遍。

第八遍:期中或期末考试前将考试内容系统复习一遍(一般教师会领着复习,但也要根据自己实际情况着重复习自己掌握不扎实的知识点)。

四、作业习惯

1. 先复习后作业

做作业前先静心将上课所学内容回忆一遍,然后对照看书和笔记,将未记住的知识点巩固一遍,然后才开始做作业。

2.独立完成

做作业时认真审题,独立思考,不查阅课外读物,不借助网络,做完后能够总结哪些知识已掌握,哪些知识未掌握,并记录在错题本上,第二天找教师或同学解决。

3.高效作业

做好作业前的准备工作,一旦开始,就要专注。不论在家还是学校,做完作业再干他事,家庭作业要一气呵成。

4.规范书写

书写步骤规范,字迹大方,清晰认真。

5.保证质量

认真审题,反复推敲(题目至少读三遍),弄清已知条件,明确未知因素,确定解题的突破口,寻找解决问题的阶梯。如果是计算题,同样是先审好题再下笔做,保证计算准确。做到只要会做就保证做对。

6.检查把关

检查三个方面:①检查作业做得是否正确(准确率),检查解题过程是否有误,检查是否回答了题目的全部要求,检查答案是否符合题意。②检查作业是否全部完成,有无遗漏;不会的有无记录。③检查做完后的作业有没有及时装入书包。

五、考试习惯

1.积极备考

不管是平时检测还是大考,都要养成良好的备考习惯。首先做好物质准备,考试所有用具准备齐全,大考还要记好考号或准备好准考证。其次是知识准备,考前要做全面系统的复习。大考要跟着教师好好复习,注意查缺补漏。有时讲完新课就小考,平时要自己复习。再次是精神准备,搞好考前心理调节,以平常心对待考试。

2.良好的答题习惯

①答题前先把姓名、班级、考号写好,需要涂卡的先把卡的表头涂好。②浏览题目数量,做到心中有数。③先易后难,合理控制时间,正确的答题顺序是由前到后,先易后难,遇到拦路虎先放过,做完后再集中精力解决。④认真审题,细心作答,审题要严,多读几遍,关键信息要做上记号,用直线或用圆圈标出(铅笔)。⑤书写认真,规范答题。字迹大方清晰认真,做题步骤规范。⑥仔细检查,确保无误,首先检查整套试卷,题目有无遗漏,再将试题从头到尾认真检查,对照草稿纸重新计算,确保会的不出错误,需要涂卡的认真对照试卷检查涂卡是否正确。⑦积极思考,不轻易放弃,对于做卷中放过的难题,等会做的题检查无误后要集中精力思考,直到交卷。

3.考后复习巩固

考试是为了查缺补漏,因此要认真对待考试中出现的知识漏洞并及时补救。同时,一定要通过考试积累考试经验,为以后更好地提升成绩做铺垫。

六、反思总结习惯

1.课上反思总结

教师所讲是否掌握?是否有疑问?题目有无另外的解法?解题用到了哪些知识点?解这个题的关键是什么?用到了什么解题方法?

2.课后反思总结

上课所学哪些已掌握?哪些未掌握?未掌握部分如何解决?什么时间解决?

3.学习新课后反思

反思知识构建的过程,在数学知识学习之后,不仅反思学到了什么,还要反思是怎么得来的,以及为什么自己的有些思路无法成为解决问题的依据。

4.做题后反思总结

反思解题采用的方法:怎样做出来的?反思解题依据的原理:为什么这样做?反思解题的思路:为什么想到这样做?反思多种途径,培养求异思维:有无其他解法?哪种方法更好?反思一题多变,促进思维发散:能否变通一下而变成另一题？反思举一反三：什么类型的题目可以这样解决？

5.考试后反思总结

知识漏洞是什么？做题策略是否正确？今后考试需要注意的事项是什么？考前学习状态怎么样？学习中存在什么问题？今后学习需要怎么调整？

附：《数学学习习惯与方法自评表》和《初中数学学习习惯量化表》

数学学习习惯及方法自评表

	项目	A	B	C	D	自评（写等级）
课前	物质准备	上课所需资料、工具齐全	上课所需资料、工具基本齐全	只准备课本	没有准备	
	知识准备	已经提前复习、预习相关内容，重温自己困惑的问题，带着问题准备上课	回忆以前相关知识点，学习教师上课要讲内容，准备上课	没有学习意识，只等上课	上课前坐不下来	
	精神准备	精神状态好，对上课能够学好信心十足	精力充沛，对上课能不能学会心里没有底	精神状态一般，感觉自己上课提不起精神	对上课没有兴趣	

续表

上课	听	有目的地听,边听边记重点内容及不理解的内容,对教师提出问题能够及时做出反应,认真倾听其他同学的回答	认真听教师讲,偶尔记笔记,教师所讲有时跟不上,不能对教师所提问题及时做出反应,能够倾听别人发言	经常走神,有很多听不懂的内容	教师所讲基本听不懂
	记	记下重点、难点、易错点、典型题目、课本没有的和不理解的,其余划在课本上,不因为笔记耽误听课	教师让记才记,自己不知道哪些是该记的,能跟上教师所讲内容,不会因为记笔记耽误听课	只是把教师的板书抄下,会因为记笔记而跟不上课堂节奏	只是被动听,没有记笔记的习惯
	说	上课回答问题积极,声音洪亮,表达清晰,小组交流积极发表自己的见解	上课不太敢回答问题,教师叫到才回答,声音洪亮,小组交流主动发言	不敢回答问题,老担心出错被别人笑话,表达问题不够清晰,小组交流不主动发言	基本不回答问题,小组交流不主动发言
	主动提问	知道自己哪儿没有学会,及时提问,或感觉教师讲得不对敢于质疑	知道自己哪儿没有学会,但不及时问	不知道怎么问,问什么	没有提问的习惯
	思考	边听讲边独立思考,能够根据教师所讲理解过程,总结方法,能够做到举一反三	边听讲边独立思考,能够理解教师所讲,但不能举一反三	能够独立思考,但一遇到困难就退缩	被动听教师讲或问同学,没有思考习惯

31

续表

	小组合作	能够按照教师要求快速进入小组探讨，积极发表自己见解，在组内起到带动作用，也能认真听取他人见解	能够按照教师要求快速进入小组探讨，积极发表自己见解，也能认真听取他人见解	能按照教师要求进行小组讨论，但不能大胆发表自己见解，但能认真听取他人见解	有时能参与讨论，有时游离于小组之外，有问题不善于问	
上课	练习	认真审题，反复推敲，弄清已知条件，明确未知因素，确定解题的突破口，快速解决，正确率95％以上	认真审题，反复推敲，弄清已知条件，明确未知因素，确定解题的突破口，快速解决，正确率80％以上	认真练习，但需要在别人帮助下完成	练习不会做，也不寻求教师与同学帮助，给后面学习留下障碍	
	课堂小结	能够明确用自己的语言说出上课所学所有内容，知道所学内容与前面相关知识的联系，知道所学知识点用于解决什么类型的题目	能够明确用自己的语言说出上课所学内容的80％，知道所学内容与前面相关知识的联系，知道所学知识点用于解决什么类型的题目	自己能够说出上课所学内容的60％，在教师同学提示下能够说出其他内容	对所学内容知道一点点	

续表

课后	静思	每次上完课后都能用1～2分钟将所讲内容回忆一遍	大多时候能够做到下课后将课堂所学内容回忆一遍	偶尔能够坐下来回忆上课内容	下课就不再管上课学的什么
	作业	先复习后做作业,独立完成,作业时专注高效,书写认真,准确率达到95%以上	先复习后做作业,独立完成,作业时专注高效,书写认真,准确率达到80%以上	先复习后作业,作业时比较专注,效率一般,书写比较认真,准确率达到60%以上	作业没有头绪,不知道复习,不会的较多,书写比较乱,准确率较低,或作业质量好但有抄袭现象
	难题	遇到难题独立思考,当自己实在解决不了时,寻求帮助(资料、同学、教师),最终真正搞懂,再遇到类似题目自己能够解决	遇到难题独立思考,当自己实在解决不了时,等待教师讲解,再遇到类似题目自己能够解决	遇到难题就寻求帮助,以把此题做上为原则,再遇上此类题目可能当作生题,可能做得出也可能做不出	一看难题就放弃

续表

	成绩	考试成绩总分的90％以上	考试成绩总分的80％以上	考试成绩总分的60％以上	考试成绩不及格。	
考试	总结	能及时改错,有考试分析,并能反思自己考试出现问题,及时补救,对今后考试注意事项分析清楚	能及时改错,有考试分析并能反思出自己考试出现问题,及时补救	能及时改错,有分析但不能很好地分析总结出现的问题	不能及时改错,或能及时改错但不求甚解,不能很好地总结考试中出现的问题	

初中数学学习习惯量化表

一级目标	二级目标(每项指标4分,共100分)		个人自评	小组互评	教师打分
制订计划A1	B1	有当日目标、近期目标及长远目标			
	B2	当日目标,周目标实现情况			
	B3	实现目标的措施得当			
预习A2	B4	做必要的预习,了解知识点并发现问题			
	B5	用自己的语言符号做适当的标记			
	B6	借助可能的外部条件,自己先独立解决部分疑问			
	B7	做好课前准备,如必需的课本、练习本、相关的文具等			

续表

	B8	课上专心听讲,不做与听讲无关的事情			
	B9	积极思考,能在教师指导下解决预习遗留的问题			
课堂听讲 A3	B10	课上回答教师的问题先举手,要求回答问题声音洪亮,清楚			
	B11	善于合作学习,积极参与问题讨论,敢于提出自己的见解,对与自己不同的见解要敢于争论,并不断修正、弥补自己的不足			
	B12	会做课堂笔记,分清知识的重难点,为课下请教教师或与同学交流做准备			
	B13	树立今日事今日毕的思想,及时反思当天所学的知识,并纳入自己的知识结构中			
及时复习 A4	B14	进行阶段性的周总结、月总结,不断完善知识结构			
	B15	建立精华本及纠错本,并经常翻阅复习,做好知识的积累工作			
	B16	养成先看课本后做作业的习惯			
	B17	独立、认真完成作业,不抄袭别人作业			
完成作业 A5	B18	作业书写认真、美观、规范,步骤完整			
	B19	做作业专注,善于分析挖掘问题的条件,解题步骤科学			
	B20	作业下发后及时改错,分析原因,不放过任何小的问题			
	B21	善于挖掘问题的条件,能从不同角度和思路分析解决问题			
解决问题 A6	B22	善于总结解题规律,不断完善知识结构			
	B23	能自主创新地发现新的问题,发表自己独到的见解			

续表

课外学习 A7	B24	有一定的数学课外读物,并能挤时间进行学习、阅读			
	B25	能从课外学习及活动中开阔自己的学习思维			
合计					
平均					
综合分数					

我对听、说、读、写与数学语言培养的思考

什么叫语言？语言是人类最重要的交际工具，是思维的物质外壳和表现形式。作为一种符号系统，语言是一种社会现象，是人类保存认识成果的载体。数学语言作为一种表达数学思想的通用语言和数学思维的最佳载体，包含着多方面的内容，其中较为常见的是文字语言、符号语言及图形语言。数学语言是高度抽象的人工符号系统，具有准确、严密、简明的特点，学生若不能准确、熟练地驾驭数学语言，就会给数学学习带来较大的困难。

数学教学中的听说读写训练，分为四个层次：让学生会听数学语言，听得懂数学语言；会说数学语言，说得清数学语言；会读数学语言，读得透数学语言；会写数学语言，即会用逻辑严密的数学语言，简洁、清晰、有条理地表述数学问题。

一、学会听，听得懂

学生首先必须要能听懂数学语言，才能接受正确的数学信息。

第一，教师要指导学生听关键词：叙述语言是介绍数学概念最基本的表述形式，其中每个关键的字和词都有确定的意义，要明确关键词句之间的依存和制约关系。比如经过直线外一点，有且只有一条直线与已知直线垂直，"有"表示存在，"且只有"表示唯一。第二，教师要指导学生听异同数学语言具有很强的严密性，有比较才能鉴别。通过对相近或相似知识的比较，了解它们之间的共性和个性，从而加深对知识的理解和掌握。比如，教学"相似三角形"时，与"全等三角形"知识进行比较，明细它们之间的区别和联系。第三，教师要指导学生边听边思考。如教师对学生发言的点评、对作业纠错的点评、同学之间的纠错发言、对某一问题的谈论发言等，要听完整、听出重

点、听出实质,在听中学会归纳和总结。

二、勇敢说,说得清

数学课堂中让学生说什么?

第一,说概念的本质和关键词句。比如:数学"一元二次方程"的概念:只含有一个未知数,并且未知数的次数是 2,两边都是整式的方程称为一元二次方程,要让学生说清楚三个关键词:一元、二次、整式。

第二,说方法。如在证明"三角形内角和定理"时,让学生从命题的条件和结论中寻找解决问题的思路,说出解决问题的方法。

第三,说近似概念中的异同及易混淆之处。如在教学"不等式性质"时,让学生将之与"等式性质"进行比较,并说出它们的异同。还要让学生说出计算错误的原因,说应用题中的数量关系,说几何题中的推理过程。在说的过程中,教师还要着力培养学生对文字语言、符号语言、图形语言这三种数学语言的"互译"能力,并将说的培养渗透于课堂教学的每一个环节,让学生在说的过程中领悟、体验、提炼数学思想方法。学生说得越清楚、越充分,思维就越清晰。比如,文字题的证明就是训练三种语言转换的极佳的素材,比如:求证等腰三角形底角的平分线相等。学生画图准确,但在口述已知条件时,可能会出现三种情况:①已知:$\triangle ABC$ 是等腰三角形,BD,CE 是底角平分线,求证:$BD=CE$。②已知:$\triangle ABC$ 中,$AB=CD$,BD,CE 是底角平分线,求证:$BD=CE$。③已知:$\triangle ABC$ 中,$AB=CD$,BD 平分 $\angle ABC$,CE 平分 $\angle ACB$,求证:$BD=CE$。通过让学生讨论哪一种叙述更准确、更严密、体会三种数学语言的有机统一。

三、仔细读,读得透

数学语言的形成除听说训练外,读也是非常重要的一步,通过读,可以感知数学语言、理解数学语言。

(1)课前读。即预习,对概念、定义、性质、法则中的关键词语有初步感知。

(2)课上读。在读中发现问题,交流探索,进一步培养学生数学语言表述的正确性。

(3)课后读。读课本、习题、报刊,通过仔细推敲字、词、句,进一步感悟数学语言的含义。对于一些文字叙述较长的问题,要注意读的训练,让学生从数学语言的表述中理解内容,从读中体味方法,从读中感悟与其他内容的联系。

四、认真写,写清晰

让学生写出对数学概念、定义的理解、写出对法则、规律、定理的应用,写出三种数学语言的内在联系,写出对公式、逻辑论证的推理过程,写出对数学问题的发现和思考。写是对数学语言表达能力的最好诠释,要求调理清晰,法则、定理应用准确,叙述简洁、书写规范,让人一目了然。

在听说读写这个有机整体中,听和读是基础,是学习的前提;说和写是升华,是学习的保证。它们之间相辅相成,缺一不可。

我对应用题的思考

《数学新课程标准》指出：学生通过学习建立方程模型求解实际问题有助于初步形成模型思想，是今后学习数学建模的基础。对于学生来讲，在初中阶段学好应用题是至关重要的。

对于应用题的教学，主要目的在于培养学生利用所学知识将实际问题转化为数学问题的能力、从实际问题中抽象出数学信息的能力、运用数学模型解决数学问题的能力、将数学问题还原为实际问题的能力。如何培养这四种能力？我曾在听课中遇到这样一则案例设计，很好地体现了对这四种能力的培养。

案例：李明骑自行车的平均速度为每分钟 600 米，跑步的速度为每分钟 200 米，自行车和长跑路段共 25 千米，用时 75 分钟。求自行车和长跑路段的长度。

一、培养学生将实际问题转化为数学问题的能力

首先，要求学生读题三遍（也可根据学生情况适当调整）并明确每读一遍的目的。

第一遍，大致了解题目内容，了解题目背景：李明参加铁人三项中自行车和长跑项目两项训练，骑自行车的平均速度为 600 米/分钟，跑步的平均速度为 200 米/分钟，自行车路段和跑步路段共 5000 米，用时 15 分钟，求自行车路段和跑步路段的长度。

第二遍，读题过程中注意问题中涉及的数量信息：李明骑自行车的平均速度为 600 米/分钟，跑步的平均速度为 200 米/分钟，自行车路段和跑步路段共 5000 米，用时 15 分钟。

第三遍,注意提取已知信息和所求信息:已知:骑自行车的平均速度为 600 米/分钟,跑步的平均速度为 200 米/分钟,自行车路段和跑步路段共 5000 米,用时 15 分钟;未知:自行车路段和跑步路段的长度。

这样,学生经过三遍阅读题目,已经知晓了题目中涉及的实际背景,提取出了相关的数量信息,区分开已知与未知(即为所求)信息,为将实际问题转化为数学问题奠定了基础。

其次,引导学生整合处理在阅读题目的过程中提取出的数量信息,分析出已知条件、所求结论,并找出未知与已知信息之间的联系。这样,就完成了由实际问题向数学问题的转化。

二、培养学生从实际问题中抽象出数学信息的能力

在学生阅读题目的过程中,引导学生标划出所有数量信息(如上述过程的第二遍读题的要求)。要求学生对所标划的数量进行整合处理,分析它们之间的内在联系,梳理出已知、未知以及未知与已知之间的联系,为解决数学问题准备条件。数学信息的整合与处理可利用表格来呈现:

表一

训练方式	骑自行车	跑步	合计
平均速度	600 米/分钟	200 米/分钟	
训练时间	?	?	15 分钟
路段长度	?	?	5000 米

三、培养学生运用数学模型解决数学问题的能力

初中学生来说对方程(组)这一数学模型是比较熟悉的,运用的机会较多。因此,在解决此类问题时,只需给学生明确利用方程来解决即可。然后视学生解答情况适时予以点拨,并在完成解答之后引导学生总结出运用方程解决实际问题的基本思路与步骤。

(一)列一元一次方程解实际问题

一审:审清题意,弄清题目中的数量关系。

表二

训练方式	骑自行车	跑步	合计
平均速度	600 米/分钟	200 米/分钟	
训练时间	?	?	15 分钟
路段长度	?	?	5000 米

二找:找出一个能代表全部题意的相等关系。

骑自行车的时间＋跑步的时间＝15 分钟;

三设:设未知数(设一个未知量为 x,用这个未知量表示另一个未知量)。

设骑自行车的路段长度为 x 米,则跑步的路段长度为 $(5000-x)$ 米。

四列:列出方程。

列方程: $\dfrac{x}{600}+\dfrac{5000-x}{200}=15$

五解:解出方程的解。

解得 $x=3000$,则 $5000-x=2000$

六答:写出实际问题的答语。

答:骑自行车的路段长度为 3000 米,跑步的路段长度为 2000 米。

(二)列二元一次方程组解实际问题

一审:审清题意,弄清题目中的数量关系。

表三

训练方式	骑自行车	跑步	合计
平均速度	600 米/分钟	200 米/分钟	
训练时间	?	?	15 分钟
路段长度	?	?	5000 米

二找:找出一个能代表全部题意的相等关系。

骑自行车的时间＋跑步的时间＝15 分钟;

三设:设未知数(设一个未知量为 x,用这个未知量表示另一个未知量)。

设骑自行车的路段长度为 x 米,跑步的路段长度为 $(5000-x)$ 米。

四列：列出方程。

列方程：$\begin{cases} x+y=5000 \\ \dfrac{x}{600}+\dfrac{y}{200}=15 \end{cases}$。

五解：解出方程组的解。

解得 $\begin{cases} x=3000 \\ y=2000 \end{cases}$

六答：写出实际问题的答语。

答：骑自行车的路段长度为 3000 米，跑步的路段长度为 2000 米。

四、培养学生将数学问题还原为实际问题的能力

列方程（组）解决实际问题的最后一个环节：就是将数学问题的答案转化为实际问题的结论。在上部分表述的解答环节中的答语部分即是，此处要给学生明确：求得方程（组）的解仅仅是数学问题的答案，并非实际问题的结论，需进行转化才符合我们的常规思维。

列方程（组）解决实际问题对初中生来说仍是一个难点，在教学过程中需认真对待，力求通过典型例题的解析给学生以方法的指引，思路的点拨，帮助学生建立数学模型，总结步骤格式，培养学生分析、解决问题的能力。

我对分层教学的思考

实行分层教学,是课堂教学改革的国际潮流。笔者分别从学生、教学目标、教学过程、作业及评价机制等方面谈谈分层教学在课堂教学中的实施。

一、学生分层

分层教学要建立在对学生进行充分了解的基础上。这就要掌握好以下原则。

(一)平等性原则

一方面给学生分层是为了更好地促进教学,教师应当平等地看待学生。另一方面,要在促进每个学生都有发展的基础上兼顾个体的特长发展。

(二)隐涵性原则

教师应采用内在尺度法或叫隐性分层法。有时学生不能正视这种分层,可能会感到受歧视,情感上可能受到挫伤并降低对自己的要求。因此在给学生分层时,对每个学生的层次安排没有必要向学生公布,更要力避给学生贴标签,教师只要做到心中有数,暗中做出安排即可。

(三)动态性原则

学生层次的划分不是绝对的,而是动态的。在实施分层教学过程中,学生的层次会发生一定的改变,教师应当及时做出评价,注意学生的变化,适时调整层次的划分,并根据具体情况加强个体教学。根据以上几项原则,再结合学生的智力、基础和学习态度等,将学生大致分成 3 个层次:A——基础、智力较差,接受能力不强,学习积极性不高,成绩欠佳;B——基础和智力一般,学习比较自觉,有一定的上进心,成绩中等左右;C——基础扎实,接受能力强,学习方法正确,成绩优秀。

二、教学目标分层

成功教育的基本思想是相信每一个学生都有成功的潜能和愿望,都可以取得成功。中国学者的研究表明,常规的按年龄编班的班级中,学生间的差异性超乎人们的想象。即使仅以学生的学习能力和相应学习能力的学生在班级中的比例为依据,就可能得到 13 种之多的班级学生组合类型。如果对所有的学生总是使用同一标准的教学目标,必然会出现通常所谓的"优生"吃不饱、"差生"吃不了的现象,必将在进一步加重"差生"负担的同时,"制造"出更多的"差生"。因此,在制定教学目标时,要因材施教,对不同层次的学生制定不同的目标,使每个学生都有获得成功的机会。

为此,在学生分层的基础上,根据教材和课标的要求,以及各层次学生的水平,对各层次的学生制定不同的教学目标:A 层学生应以课标的基本要求为主,弄清课本的基本概念,会处理基本习题;B 层学生在完成课标基本要求的同时,要适当提高,培养一定的数学能力;C 层学生在完成规定教学要求外,要拓宽知识的深度和广度,培养较为灵活的、综合运用数学知识解决问题的能力。

教师还要让每个学生都能对自己应该达到的学习目标心中有数,使教学目标真正成为他们学习的动力、努力的方向,争取人人成功。

三、教学过程分层

根据班级学生分层的实际,根据不同层次学生的水平和教学目标,注意内容的难度和坡度,对每节课教材进行裁剪处理,使知识呈现的序列层次更加清晰,并设置多个台阶,让学生分步到位,给他们创造成功的机会。现有两例来展示教学过程的分层。

例 1 多项式 $16(a-b)^2-9(a+b)^2$ 的因式分解对于 A、B 层次的学生而言,显然难度较大,不易理解、掌握,可以把它分成 3 个问题,层次就非常分明:①a^2-9b^2;②$16a^2-9b^2$;③$16(a-b)^2-9(a+b)^2$。第 1、2 题要求 A 层次的学生掌握,第 3 题要求 B、C 层次的学生掌握,同时鼓励 A 层次的学生也尽可能掌握,让他们感受成功的喜悦。

例2 讲授一元二次方程根与系数的关系。首先，出示 4 个一元二次方程：①$x^2-3x+1=0$；②$3x^2-2x=2$；③$2x^2+3x=0$；④$3x^2=1$。教师提问："不解方程，我能说出这些方程的两根之和与两根之积，猜一猜教师的根据是什么？你能吗？"教师通过提问激发学生的兴趣，调动他们渴望成功的愿望。第二步，再给出 4 个一元二次方程，要求学生说出两根之和与两根之积。这时，有一部分学生动手解方程，然后说出结果；另一部分学生运用一元二次方程根与系数的关系说出结果（其中有一部分学生是预习了的）。教师首先应该肯定这两部分学生都正确，然后指出用一元二次方程根与系数的关系去做，可以不解方程。此时，教师又可设问：

对于一元二次方程根与系数的关系，你能从理论上加以验证吗？

这一要求较高，可请 C 层次的学生板演。最后，再请学生归纳用一元二次方程根与系数的关系求两根之和与两根之积时的注意事项。这时全班学生人人争着发言，学生归纳出若干条，如把一元二次方程化为一般式，遇到分数系数要化成整系数等等。整节课课堂气氛活跃，人人争先恐后，个个渴望成功，达到很好的教学效果。

四、作业分层

作业一般分四个层次。

1. 面向 A 层次学生的简单模仿型作业

旨在促进学生重视基础知识，打牢学习基础，形成持之以恒的学习习惯。

2. 面向 A、B 层次学生的简单变式作业

简单、新颖、易做，旨在复习巩固基础知识的基础上，激发学生的学习兴趣，树立学生的学习信心。

3. 面向 B、C 层次学生的应用实践型作业

旨在让学生在知识的运用过程中形成一定的技能技巧。

4. 以 C 层次学生为主的变通独创性作业

允许个人不一，各小组不一，旨在提高较好学生的能力。

这样的作业设计，既使各类学生都有能力完成自己的任务，也避免学生

抄袭作业的现象,使学生学所能学,学有所获。学习暂时落后的学生不会因为解不出难题而困惑,学得轻松而自信;学有余力的学生不会为简单重复而无聊,学得充实而自信,因此有利于各类不同层次学生的发展。对不同层次的学生的评价有所区别,对于 A 层次的学生的点滴进步应采用激励评价,鼓励他们努力向高一层次发展;对 B、C 层次的学生所取得的进步应采用竞争评价,高标准,严要求,促使他们更加努力奋进。

数学之**行**——我的数学探索

　　大圆圈比小圆圈的知识要多一点，但因为大圆圈的圆周比小圆圈的长，所以它与外界空白的接触面也就比小圆圈大，因此更感到知识的不足，需要努力去学习。

　　　　　　　　　　　　　　　　　　——［古希腊］芝诺

学习力概述

"学习力"最初是企业管理和企业文化领域的一个概念,体现在以下五个方面:一是对愿景的认识和支持,二是对支持学习的领导,三是建构实验性的组织文化,四是能有效地进行知识迁移,五是具有合作的团队精神。

"学习力"被引入教育也是近期的事情。刘永和在《提升学习力:当前推进素质教育的解决方案》中,对学习力是这样阐述的:"'学习力'是学习者学习的动力、毅力和能力"。

(1)学习的动力。学习的动力主要是学习的动机和需要的问题。要解决学习的动力问题,首先需要解决学生对于学习的内在需要,只有当学习成为学生的内在需要,学生才能成为学习的主体,才能主动地积极地学习。因此,"学习的动力"着重解决 :为什么学习的问题。

(2)学习的毅力。学习的毅力主要是指行为强度和持久性问题。尽管学习的毅力与学习的动力、学习的能力有着很大的关系,但是,它和人的个性特征和行为习惯有着更加密切的联系。于是,我们还需要关注学生的意志、耐力、勇气和乐观进取的精神。有了这些,学生在学习的过程中,特别是遇到困难和挫折的时候,就可以知难而进,不断克服困难勇往直前。因此,"学习的毅力"重点解决持续学习的问题。

(3)学习的能力。学习的能力主要是学习的方法和学习的策略问题。当学习的方法正确,策略有效,并且能够准确、熟练和有效地使用,学习的能力也就产生了。学习力应该是一种"关键能力",即"不需要再学习的能力"。同时,学习力还应该是一种符合现代学习特点的能力。记忆力、观察力、理解力、分析力、综合力、转化力以及基础知识等。因此,"学习的能力"着重解决能够学习的问题。

学习力所具有的学习的动力、毅力和能力三个要素有一个从低级到高级的逻辑顺序,它们相互联系,相互依赖,相互促进,相得益彰,三个要素都决定着学生学习力的水平。

　　学生学习力偏低,有可能是缺乏学习的动机。没有了学习的动力,学习行为就没有开始,尽管他有可能安静地坐在课堂上,有可能缺乏方法,不会学习,事倍功半,甚至一无所获,"陪着"另一部分学生读书;也有可能是缺乏毅力,知难而退、半途而废、甚至失却信心。更多的问题在于学生缺失学习的能力和创造力,没有融会贯通,知识处于零散状态,还是无用的知识;不会举一反三,知识还是"死知识",不能由浅入深,由此及彼;不会创造,不能根据"已知"推导"未知";不能创新,只能跟在别人后面亦步亦趋,人云亦云。

　　学生处于这种学习状态,究竟出了什么问题? 教师又应该怎么做? 这是每一位教育工作者不能回避、必须正面回答的问题。学生学习力的提升,也许正是解决素质教育与应试升学之间矛盾的有效方案。

提升数学学习力:数学学习力表现形态

数学学习力的表现形式不单单是学生的数学学习成绩,而是学生学习数学的综合能力,包括学习过程中体现出来的交流合作意识和克服困难的意志品质。学习力不仅影响当前的数学学习,对学生个性发展及健全人格的形成都有积极作用,它长远地影响学生未来的成长与发展,对其终生学习都有指导意义。

初中数学学习力表现:学习数学的兴趣浓厚,完成学习任务的态度端正,对知识接收能力、应用知识解决问题的能力,以及在数学学习中创新的能力强。数学学习力的形成和培养不是靠教师教、学生学这个单一路径。我们认为,数学学习力的提升,更要从学生的生活环境、习惯、态度以及原有的知识结构出发,把握影响其学习力发展的内在因素,诊断其问题的症结所在,对症下药,突出对学生主体意识的培养,让内、外因共同起作用。我们认为,学习的环境、方式方法、教师的指导及点拨、家长的影响等因素,都对数学学习力的养成有重要影响。

一、数学学习力不足的表现形态

数学学习力不足的表现主要有七大类型:

(1)动力不足型:大多数是家庭关注不够,成绩不理想,认为自己头脑笨,对学数学失去信心,动力不足。

(2)毅力不强型:每次考试后也想发奋图强,可是坚持不了几天恢复原状,意志力不强。

(3)思维凌乱型:不会思考,思考方法或解决问题路径不清,特别害怕难题,做题难时大脑思维凌乱。

（4）专注力不足型：上课时注意力不能持久，容易走神，课后又松散，懒于对问题进行专注思考。

（5）理解肤浅型：只限于完成教师布置的作业，一知半解，不求甚解。

（6）转化薄弱型：不能将较为复杂的问题转化为简单问题进行应用、学习，求异思维差。

（7）创新不力型：单纯的数学问题能较好地解决，但遇到新题或是应用性强的问题就很难解决，缺乏创新。

二、提升学习力的策略

强化动力、增强毅力的同时，要提高思维缜密度、提升专注力、培养理解力、促进转化力、驱动创新力。

（1）提高思维缜密度：数学在培养和提高学生学生的思维能力方面有着其他学科不可替代的独特作用，注重激活学生的数学思维，培养学生的主动思维能力，才能建立良好的学习态度。①要树立正确的数学教学观，重视学生想象力的培养，教学中应以培养学生的数学思维能力为基本出发点，特别要加强学生想象力的培养与提高。②教学中要从多层次、多角度思考，训练学生的数学思维，增强学生解题的灵活性。③针对不同层次的学生，要求解决问题的思维深度、难度不一样，使不同层次的学生思维能力得到训练和发展。

（2）提升专注力：提高学生数学学习力的前提是提高学生的专注力。所谓专注力，就是注意力非常集中，精神十分饱满，全身心投入，享受求知、探究的过程。课堂上，教师若能提升学生的专注力，很容易达到高效教学。

（3）培养理解力：教师讲的很多，学生不理解就等于没有讲，这样的数学课堂是低效甚至无效的。一位市教研员讲得很形象："教师要讲五分钟，再出去转五分钟"。这句话的意思是教学要留白，即留给学生自我消化的时间，把刚刚讲过的不懂的知识点及时自我消化理解，以便切实掌握。课堂教学中，要充分发挥"兵教兵"的作用，在此基础上，教师再进行适时点拨就能起到四两拨千斤的功效。

（4）促进转化力：转化是基本而典型的数学思想，其精髓在于将未知的、陌生的、复杂的问题通过演绎归纳转化为已知的、熟悉的、简单的问题,从而使问题得以解决。例如在压轴题的设计和教学中,提高学生数学转化能力可采用如下几个策略:空间问题平面化、等价问题平移化、相似问题类比化。

(5)驱动创新力:提高学生创新力是数学教学的一个重点,可通过以下策略实践:①教学中要营造民主、平等、宽松的教学氛围,构建创造性思维的环境,能有"蹲下身来看学生"的意识和勇气,把课堂还给学生。②设疑激趣,挖掘学生的创新潜能,教师要暴露自己的思维过程,给学生提供思考问题的时间和空间,尊重学生的思想和见解,养成与学生商讨问题的习惯,引导学生主动创新。③教师要利用教材中的典型例题、习题进行改编,让学生在教材学习中有更广阔的思维空间,培养学生的发散思维。

学习力的强弱,会对学生的终身学习、知识运用、创新能力的提升产生不可估量的作用。在某种程度上说,学习力比学业更重要。

提升数学学习力:毅力、动力、能力

作为一名教师,我深感提升学习力对学生学习的重要意义。按照学习力中的学习动力、学习毅力、学习能力三个要素,我有如下思考。

一、分类激发,提高学生学习数学的动力

(一)挫折激发优等生

优等生学习基础好,学习能力强,思维敏捷,很容易接受所学的知识,课本上或者平时的作业题一般难不住他们,这样就很难满足他们的求知欲望。要想激发他们学习数学的动力,就必须给他们设置悬念,而且不要让他们轻易处在胜利之中。对待优等生,可以采取挫折式的教育方式,来激发他们学习数学的动力。

(二)鼓励激发中等生

中等生,学习基础一般,他们甘于中游,满足现状,总是低估自己的能力,比较自卑,不愿意表现自己。课堂上,中等生一般不会干扰纪律,但又时常心不在焉,有时被叫起来,根本不知道教师问的是什么。对于此类学生,要经常提问,经常给他们展示自己的机会,表现好了给予鼓励,并且经常用信任的语气告诉他:"我相信你一定会做得很好"。对待中等生,可以采取鼓励式教学,来激发他们学习数学的动力。

(三)关爱激发后进生

后进生,学习基础较差,兴趣不稳定,行为习惯散漫,自我约束能力较弱。对于此类学生,就不能放任自由,要给予更多关爱、肯定,目标和任务意识要更强一些,比如上课前告诉他们,这节课讲完后,要进行提问。临下课前提出一些有关本节课基础性、概念性的问题让他们回答,再给他们布置一

些简单的、基础性的题目课后去做。给他们定的目标不要太高,让他们跳一跳就能够得着,这样可以让他们尝到成功的喜悦,从而感受到学习的乐趣。对待后进生,可以采取适度追踪小目标式教学,来激发他们学习数学的动力。

二、培养坚毅品质,提高学生学习数学的毅力

不少学生虽然具有良好的智力和优越的学习条件,但由于缺乏坚毅的品质,导致学习毅力差,贪玩、怕吃苦、畏难情绪重,难以取得很好的成绩,有的甚至成为后进生。而有的学生虽然智力一般,学习环境也不好,却凭着顽强的毅力,取得良好甚至优异的成绩。因此,顽强的学习毅力是学生取得学业成功的重要因素。

(一)指导学生规划实现目标

指引学生确立自己的人生目标,并结合自己的兴趣,确定实现目标的步骤,可以家长和教师联合,帮助学生学会制定符合自己发展需求的目标,并引导其从实现小目标开始,一步一步积累,为迈向更高的目标努力。

(二)培养建立成长型思维

拥有成长型思维的人更能接受挑战,更有可能获得成功,教师应当在课堂上创设情境,以利于学生成长型思维的养成。鼓励学生努力学习,而不是依赖自己的天分,这将有助于他们的学习和生活。

(三)培养坚毅品质

首先渗透德育教育,其次及时扭转学生的错误思想,帮助他们克服自制力不强这一弱点,在任何干扰面前都决不动摇,并在向目标迈进的征途上培养自己的坚毅性,不断增强耐挫力。学习中,鼓励他们遇到问题不要马上向教师求助,应自己开动脑筋,养成独立思考的习惯。在数学教学中,适当设计一些难题让学生去思考和解答。通过不断以困境和难题来刺激学生,使他们养成并巩固耐挫力,他们的意志品质会不断完善。

(四)教师做出示范

学生天然地具有向教师学习的倾向,教师的言行会对学生产生耳濡目染的影响。美纽斯说:"教师的任务是以自己为榜样来教育学生。"所

以,教师应当多向学生展示出自己坚毅的一面。

（五）培养良好习惯

在日常的生活中,一旦习惯成为潜意识,那么,一切将出乎于心、出乎于自然。毅力是习惯的结果。良好的学习习惯可使学生不必付出太大的意志努力就能很好地完成学习任务。教学中,教师要注意明确目的要求,反复训练,使学生在完成任务、克服困难与缺点的过程中形成良好的学习习惯。

三、注重思维和策略,提升学生数学学习的能力

（一）提高运算能力

理解和掌握基本的运算规则、定律和方法。在运用公式、法则和定律进行运算的时候,我们要注意它们成立的条件以及公式、法则的逆运、变形等应用,准确深刻地理解相关概念,教师提供帮助学生追求丰富多彩的问题求解过程,并利用一题多解,使学生更深刻地理解多种算法的优势,培养发散性思维,训练快速准确地选择最优算法的能力。

（二）训练逻辑思维能力

首先,加强思维严密性训练,培养良好的思维品质。这时的训练主要集中在习题的讲解中,不仅要讲解题过程、解题技巧和方法,更重要的是教会学生从哪里思考,针对学生思维中的缺陷不失时机地进行思维严密性的训练。其次,重视思维的发散性训练,培养思维灵活性及迁移能力。同一个问题可以用不同方法解决,不同的问题可用同一种或同一类方法来解决,也就是孙维刚教师提倡的一题多解、多题一解、多解归一。

（三）提升空间能力

空间想象能力是在掌握有关空间图形的基础知识和基本技能的过程中获得和发展的。空间想象能力是随着学生年龄的增长、知识的增多、认知结构的不断完善而逐渐形成的,应该采取逐级提高的方法来培养学生的空间想象能力。一是引导学生在课前、课后利用各种学习材料,辨识空间图形概念。二是重视从整体的角度出发来设计数学教学。让学生掌握有关空间形式的数学基础知识。这些知识不仅仅是立体图形方面的,还应包括平面图

形(初中阶段重点是平面图形)方面以及其他形数结合方面的内容等。三是通过各种综合实践活动来培养空间想象力,练习图形识别会让学生从一个复杂的图形中识别出所要研究的部分图形。在教学中还要重视画图的基本训练,让学生学会画图、分析图形也是必不可少的。此过程中强化多媒体在数学教学中的运用。

(四)增强应用能力

鼓励学生去探索和发现问题,培养学生解决实际问题的能力。理解和掌握解决实际问题的基本策略。教师可以教给学生比较完整的解决实际问题的过程和一些常用的方法,加强数学建模的训练,引导学生自主地根据实际问题抽象出数学模型,完成建模过程。正如李正银所说:"运用数学方法解决问题,首先要使用学科的数学语言和方法,即通过抽象和简化,建立近似描述这个问题的数学模型,然后运用数学的理论和方法导出其结果,再回到现实解决实际问题。"

提升数学学习力:数学能力

对于数学的学习能力,各类研究者的研究视角不一,出现了多种不同观点。综合比较,我更加认同林崇德从学科能力视角提出的有关初中生数学学习能力基本结构的观点。

林崇德教授认为,从学科能力视角来看,一般智力、能力和某种特定学科的系统结合即为学习能力。与此相对,学生的学习能力也应从三个层面进行分析。

首先是学科的一般能力(运算能力、空间能力及逻辑思维能力等),这是数学学科一般能力的主要构成因素;其次是概括能力,这是所有学科能力的基础;第三是思维品质,这是学科能力结构的必要组成部分。

就数学学习能力而言,概括性能力和五种思维品质(深刻性、灵活性、独创性、批判性、敏捷性)的评价和考察,更多地表现在数学的实际应用中,因而常常体现为一种数学应用能力。基于此,我对数学学习能力的探讨,就落脚在运算能力、逻辑思维能力、空间能力以及应用能力这"四个维度"。首先对这四种能力根据其界定及新课标中相关的要求做一个简单描述,在后续文章里,会具体谈到如何提升这四种能力。

一、运算能力

曹才翰教授指出:"运算能力为一种非单一的数学能力,而是运算技能与逻辑思维能力等的一种独特的结合。"运算能力是四大基本数学学习能力中最为基本的能力。运算技能大体包括两个方面,即计算技能和逻辑思维能力。其中,计算技能具体体现在以下一些方面:熟练地记忆数学公式、法则、概念以及性质并进行运用;进行准确、快速地运算,合理、严密地推导,并能得出正确的计算结果,包括有效地运用计算器或查表等辅助工具进行运算。逻辑思维能力具体体现在以下方面:熟练地运用数学公式和法则;检查、判断运算结果,自主发现并改正其中的各种错误;严密、准确地推理运算;运用适当的方法简化运算的过程等。李伯春也指出:"运算的意义不应局限于通常的加、减、乘、除、乘方、开方等代数运算,还应包括几何量的测量和计算、概率与统计的初步运算等,应把学生正确和迅速的运算能力的培养贯穿于中学数学教学的始终。"

在《数学新课程标准》十大核心概念中,对运算能力是这样要求的:"能够根据法则和运算律正确地进行运算的能力。"培养运算能力有助于学生理解运算的算理,寻求合理简洁的运算途径解决问题。

二、逻辑思维能力

我找到了三位数学研究学者对此的论述,其中陆书环在《教育教学论》一书中指出:"数学逻辑思维能力是借助概念判断等思维形式,通过数学符号或语言来反映数学对象本质和规律的一种思维。"章士藻则认为:"数学逻辑思维能力是以概念、命题等数学信息为思维材料,进行合理、正确判断和推理的能力。"喻平认为:"数学逻辑思维能力是指运用已有规则,遵循逻辑规律进行数学推理的能力。"从以上三位学者的论述中,我们可以看到推理能力是逻辑思维能力的主要内容,推理能力也是目前较受关注的数学学习能力内容。

推理能力作为核心概念在《数学新课程标准》中出现,其具体的论述如下:"推理能力的发展应贯穿于整个数学学习过程中。"推理是数学的基本思维方式,也是人们学习和生活中经常使用的思维方式。推理一般包括合情推理和演绎推理。合情推理是从已有的事实出发,凭借经验和直觉,通过归纳和类比等推断某些结果。演绎推理是从已有的事实(包括定义、公理、定理等)和确定的规则(包括运算的定义、法则、顺序等)出发,按照逻辑推理的法则证明和计算。在解决问题的过程中,两种推理功能不同,相辅相成。合情推理用于探索思路,发现结论;演绎推理用于证明结论。

三、空间能力

关于空间能力的研究,在心理学方面已经具有相当长的历史。从根本上看,空间能力可以等同于空间认知能力,主要包括空间观察、记忆、思维以及想象等因素,其中,空间思维能力对于人们完成空间认知任务具有决定性作用,而空间想象能力则起到桥梁作用。

在《数学新课程标准》十大核心概念中,出现了"空间观念",其具体的论述如下:"指根据几何图形想象出所描述的实际物体;想象出物体的方位和相互之间的位置关系;描述图形的运动和变化;依据语言的描述画出图形等。"

四、应用能力

关于应用能力,曹轶星在《初中数学学习能力培养研究》中,表明了他的观点。结合自己的思考,我十分认同。他是这样说的:"传统观念认为数学学习能力结构只包括三大能力,即运算能力、空间想象能力及逻辑思维能力,应用能力并不包括在其中。"理由是,三大能力形成以后,应用能力会自然而然形成,无须特别培养,但事实上这种观点是不可取的。数学学习能力中的三大能力必须在数学的应用与实践中来形成和发展,应用能力贯穿于数学学习能力发展过程中,而不是独立在外。同时,随着社会发展与科技进步,人们已意识到数学学习不仅仅是为了训练人的思维、提高人的智力,更应从课堂走向社会生活,应用数学学习能力已逐渐受到人们重视。数学应用能力是指应用数学的思想、理论以及方法来解决一些简单的、与人们实际生活相关的问题的能力。它主要包括两个方面:一是数学收集与分析能力,即学生依据一定目标,从诸多信息中排除干扰信息,抽象出有用信息的空间形态或数量关系,并对其进行系统归纳与整理,从而找出某些现象或规律的能力;二是数学建模能力,指学生选择并运用合适的数学语言、理论以及方法来对客观模型的形态、数量关系进行描述的能力。

而在《数学新课程标准》中,作为核心概念之一,对应用意识是这样要求的:"有两个方面的含义,一方面,有意识地利用数学的概念、原理和方法解释现实世界中的现象,解决现实直接中的问题;另一方面,认识到现实生活中蕴含着大量与数量和图形有关的问题,这些问题可以抽象成数学问题,用数学的方法予以解决。"在整个数学教学的过程中都应该培养学生的应用意识,综合实践活动是培养应用意识良好的载体。

提升数学学习力：运算能力的培养

　　运算能力是四大基本数学学习能力中最基本的能力。前文指出它包含两个方面：一是计算技能，二是逻辑思维能力。实际上，运算能力是发展数学思维能力的前提，且运算能力与记忆能力、观察能力、理解能力、联想能力、表述能力相互渗透，与逻辑思维能力互相支持。对中学生来讲，在提高运算能力的过程中易于养成耐心、仔细的良好习惯，易于磨炼坚强的意志和毅力，增强学好数学的信心，备尝数学学习的乐趣，还可以内化为前瞻后顾、统观全局的思维方式。

一、运算能力不足的成因

　　运算能力是指学生在有目的的数学运算活动中，能合理、灵活、正确地完成数学运算，影响运算活动效率的个性心理特征。运算能力具备四个要素，即准确程度、合理程度、简捷程度、快慢程度。学生良好的运算能力，不仅表现在能够根据法则、公式等正确地进行计算，还表现在能够理解运算的算理，并且能够根据题目的条件寻求合理、简捷的运算途径。在教学实践中，审视学生的运算能力，却经常看到这样的一些现象，如不会做，主要表现在基本的公式法则不会运用，基本的计算方法没有掌握或找不到题目的隐含条件；如有的题目本来会做，但真的去做却做不对，包括一些成绩还比较好的学生也经常陷入这个"怪圈"；又如有的题目虽然会做，也能够做对，但是由于运算思路不清，花费了大量的时间，尤其在考试时不能很好地分配时间，直接影响了其他题目的求解；再如，一遇到较为繁杂的计算就出现排斥心理，不去认真分析，不细心审题，敷衍了事，导致运算出错。

　　分析以上现象，原因主要有五方面：一是学生对学习的重要性和必要性认识不足,对解题的兴趣不高,没有力求准确的欲望;二是不少学生没有形成良好的运算习惯,喜欢跳步骤,再加上算理不清,致使过程混乱,结果出错;三是对基本概念理解不深,对基本公式、法则没有做到谙熟于心,因此导致"捉襟见肘";四是教学过程中,教师只注重简单、机械的训练,而缺少有效地归纳指导;五是学生灵活运算、敏捷思维的意识比较淡薄,而对教师平时给出的训练题缺乏多侧面、多角度、多方位的观察和思考。

二、提高学生运算能力的有效对策

对于教学中出现的问题,就像给病人治病,只有"望闻问切",准确"会诊",开出药方"对症下药",才能及时有效地解决。要提高学生的运算能力,除平时教学中,注意减少学生消极的非智力因素对运算活动的干扰,激发学生积极的非智力因素,使其促进运算活动的进行,在此基础上,注意指导学生加深对概念的理解,对基本公式、法则的掌握,避免简单、机械的训练,加强数、式恒等变形(变换)能力的训练外,还应注意以下几点。

(一)循序渐进,分三个层次有序培养学生运算能力

根据《数学新课程标准》中对数学运算提出的目标,对于初中生来讲,运算能力的培养大致有以下三个层次:第一,初级阶段关注运算的准确性——这是最基本的要求;第二,中级阶段关注运算方法的合理、简捷、迅速——这是较高的要求;第三,高级阶段关注运算方法的技巧性、灵活性——这是最高标准的要求。如何依据这三个层次来提高学生的运算能力?下面以《同底数幂的除法》的教学安排为例,潜心设计,说明问题。

1.达到运算能力第一层次——运算的准确性的设计

(1)典例解析。

计算:

① $x^6 \div x^2$ 　　　　② $(-a)^8 \div (-a)$

③ $(ab)^5 \div (ab)^2$ 　　　　④ $t^{2m+3} \div t^{m-2}$(m 是正整数)

(2)跟踪训练。

下面的计算对不对?如果不对,应怎样改正?

① $x^6 \div x^3 = x^2$ 　　　　② $a^3 \div a = a^3$

③$(-c)^4 \div (-c)^2 = -c^2$ ④$x^{10} \div (x^4 \div x^2) = x^8$

计算。

①$x^3 \div x^5$ ②$a^{10} \div a^3$

③$y^9 \div y^8$ ④$(xy)^5 \div (xy)^3$

⑤$(-\frac{1}{2})^5 \div (-\frac{1}{2})^3$ ⑥$(-2xy)^4 \div (-2xy)^2$

(3)归纳。这里教师应该引导学生注意:最后结果应是最简形式;幂的指数、底数都应是最简的;底数中系数不能为负;幂的底数是积的形式时,要再用一次积的乘方的公式:$(ab)^n = a^n b^n$。关注指数是奇数和偶数时对符号的影响。

2. 达到运算能力第二层次的设计——运算方法的合理、简捷、迅速的设计

(1)典例解析。

计算:

①$(-xy)^8 \div (xy)^5$ ②$(a-2)^{14} \div (2-a)^5$

③$(-a-b)^5 \div (a+b)^2$ ④$(m-n)^9 \div (n-m)^8 \cdot (m-n)$

(2)跟踪训练。

计算:

①$(-a^3)^3 \cdot a^6 \div a^5 \div (a^2)^4$ ②$(x^3)^2 \div x^2 + x^3(-x)^2$

③$(a^{m+1})^3 \cdot a^2 \div a^{m+3}$ ④$[(2b-a)^3]^3 \div (a-2b)^4$

(3)归纳。这里教师应当引导学生注意准确判断运算的顺序;当底数不同不能直接运用同底数幂的性质时,必须适当变形,转化成同底数幂,然后再计算,特别注意变形时符号的变化。

3. 达到运算能力第三层次的设计——运算方法的技巧性、灵活性的设计

(1)典例解析。

计算:

①$(-x^2)^3 \div x^2 + x^2(-x)^2$ ②$(a-2b)^6 \div (2b-a)^3 \div (2b-a)^2$

(2)跟踪训练。

计算:

①$(a-b)^9 \div (b-a)^4 \div (a-b)^3$　②$(a-b)^5 \div [(a-b)^2]^2$

③$(-a^{m+1})^2 \cdot (-a^2) \div a^{m-3}$

④$(a-b)^7 \div (b-a)^6 + (-a-b)^3 \div (a+b)^2$

求值：

①已知 $a^x=3, a^y=9$，求 a^{2x-y}。

②若 $3^m=6, 27^n=2$，求 3^{2m-3n} 的值。

(3)归纳。本组训练,符号较多、底数出现了多项式、指数出现了字母,法则需要逆运用,要求学生有整体代入、整体换元的思想,运算的综合性较强。

通过以上三种设计,我们可以因人而异,让不同层次的同学进行不同层次的学习和训练,得到不同层次的运算能力的培养。

(二)在教学过程中增加数学史、数学家故事等及数学知识背景的渗透

在教学过程中,增加数学史、数学家故事及数学知识背景的渗透等是帮助学生理解数学的一种有效途径。数学公式、定理、理论都是前人苦心钻研,经过无数次的探索、挫折和失败才形成的,是在当时社会生产、人们的哲学思想、数学家的独创精神联系在一起的活生生的数学。如平方根的学习,学生容易受以前学过的算术平方根的干扰,特别在符号表示方面更容易产生混淆。而如果能够指导学生在课前搜集有关平方根起源等的知识,既开阔了学生的知识面,又增加了学生对平方根概念的理解,教学效果一定不错。又如学习有理数运算,在学习整式时,有机渗透一些重要数学符号的起源与演变;学习解方程及方程组时,让学生先入为主地搜集有关九章算术、秦九韶法等内容,定会起到帮助学生理解数学公式、定理、理论的作用;再如学习幂的运算,为学生介绍印度古老传说中"舍罕王用棋盘奖赏象棋发明人大米,倾空了国库也不够"的故事;如在学习方程组的应用时,讲述"韩信将兵,多多益善"的故事,如此等等,一定有事半功倍的效果。

(三)通过有趣的数学活动激励学生提升运算能力的内驱力

除精心设计课堂、向课堂要效率和加强日常训练外,还应当通过一些有趣的数学活动来激励学生运算能力提高的内驱力。例如,七年级在学习了有理数的混合运算、整式的加减、一元一次方程后,八年级在学习了整式乘除与因式分解、分式后,九年级在学习二次根式、一元二次方程、锐角三角函

数后,就可用心设计一个时间上横跨整个学期的"数学运算能力大赛"。学期伊始,第一节数学课宣读大赛"比赛规程",这样预告的目的是下"安民告示",让学生提前准备,积蓄力量参加比赛。而在平时的教学中则应进行引导、提示,不时地渗透参加比赛能够获奖的要素,帮助学生有效提高运算能力。"大赛"在即,还可围绕大赛展开一系列的"热身运动",为学生提供大赛的题库(基本都是源于课本,小部分的难度适当高于课本的题目),让学生模拟训练,实战演习。大赛须设置多种奖项,全面鼓励每一个学生在最基本的要求中提高自己的运算能力,增强学习数学的信心。实践证明,在准备参赛的过程中,学生颇有兴趣,积极备战,摩拳擦掌。而比赛的考场上,学生更是互不示弱,你争我抢,谁都想获得优异成绩。整个比赛过程,学生高度关注,处于最佳学习心理状态,其运算能力得到了显著提高。

培养并提高初中学生的运算能力,不仅可以提高学生的数学学习成绩,对培养学生的科学思维方式、形成良好思维习惯和心理素质也具有相当大的作用。因此,在教学的过程中,教师一定要予以足够的重视,可以从训练、协调、发展运算等方面下功夫,以逐步培养并提高学生的运算能力。

最后,我想说的是,运算涉及算理和法则。有时候虽然算理清楚了,法则掌握了,但还可能发生错误。运算,特别是基本运算,它是一个熟练化的过程,甚至是条件反射的过程,这样的能力只有在足够的训练下才能生成。

提升数学学习力:空间能力的培养之画图

空间想象能力是形象思维和逻辑思维交替作用的思维过程,识别和绘制图形是发展空间想象能力的关键。我们可以利用常见图形各要素的关系,巩固基本关系,培养空间想象能力。

这里以淄博市 2013 年中考 24 题作为例题教学。学生在学习过程中,依据语言的描述画出图形,在变与不变中,达到了百虑一致,殊途同归的效果,真正培养了学生的空间能力。

一、例题呈现

矩形纸片 $ABCD$ 中,$AB＝5$,$AD＝4$。

(1)如图 1(1),四边形 $MNEF$ 是在矩形纸片 $ABCD$ 中裁剪出的一个正方形。你能否在该矩形中裁剪出一个面积最大的正方形,最大面积是多少?说明理由。

(2)请用矩形纸片 $ABCD$ 剪拼成一个面积最大的正方形。要求:在图 1(2)的矩形 $ABCD$ 中画出裁剪线,并在网格中画出用裁剪出的纸片拼成的正方形示意图(使正方形的顶点都在网格的格点上)。

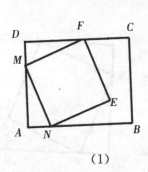

(1)

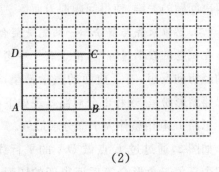

(2)

图 1

二、例题评析

数学能力的培养,向来不是对单一能力的培养,而是各项能力综合、融通培养,例题的教学功能更应体现于此,通过一道题、一种能力为主导的培养,实现多项技能得到提高,多种方法得到掌握。

(一)"四基"与综合实践的有机融合

此题综合了人教版八年级下册第十八章勾股定理中提到的"赵爽弦图"和人教版八年级下册第十九章四边形中的"实验与探究"栏目中的"巧拼正方形"以及人教版八年级下册第十九章教师教学用书中"拓展资源"的内容,不但注重了对学生基础知识、基本技能的理解和掌握的考察:比如考察了对二次函数、不等式、图形全等、勾股定理等的应用,还考察了对整体数学思想和数学活动经验的渗透与积累:比如结合勾股定理知识利用图形分割与拼接的方法,进行图形的分割。此题有效地体现了新课标的课程目标中所提出的"四基":通过义务教育段的数学学习,学生能获得适应社会生活和进一步发展所必需的数学基础知识、基本技能、基本思想、基本活动经验。同时,这道例题还真正实现了敦促一线教师将新课标课程内容中提出的"综合与实践"落实到课堂教学中的功能,结合上级考生出现的问题,作为例题教学时,应当结合勾股定理的"赵爽弦图"与四边形"实验与探究"栏目中的巧拼正方形,精心设计"实践活动",让学生经历"图形分割与拼接"的活动过程,并在过程中积累这类问题的活动经验,了解并利用所学知识解决这类问题的方法,如果再在考场上遇到这类问题便能够很快根据之前的活动经验抓住解决问题的关键,使得问题迎刃而解。

(二)思维求异与解法归一的完美契合

在例题的教学过程中,由于有了中考阅卷中的经历和反思,有了前面的教学铺垫,学生的思路精彩纷呈,现将部分思路呈现如下:

思路1:利用整体大于部分求最值。

如图2,通过过 E 点做 DA 的平行线,证明四个直角三角形全等后证得新的图形为正

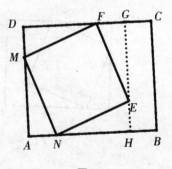

图2

方形,利用部分小于整体,即内部正方形 $MNEF$ 小于新构造的正方形,这样只有当内部正方形与新正方形重合时才能取到最大面积。

思路 2:利用两边之和大于第三边求最值。

如图 1(1)通过证 Rt△MAN≌Rt△FDM,得到 $DM=AN$,从而得出 $AM+AN=AM+DM=AD$。分两种情况。情况 1:当 N 点不在 AD 上时,利用三边关系:$MN<AM+AN$。情况 2:当 N 点在 AD 上时,$MN=AM+AN$。综上 $MN≤AM+AN$,即 $MN=M+AN=AD$ 时取最大值时,面积最大。

思路 3:利用 $a+b≤(a+b)$ 求最值。

如图 1(1)通过证 Rt△MAN≌Rt△FDM,得到 $DM=AN$。依据 $AD=(AM+DM)$ $MN=AM+AN=AM+DM$,即 $MN=AM+DM≤(AM+DM)$,所以,当 $MN=(AM+DM)=AD$ 时取最大值。

(2)思路 1:简单的分割方法。

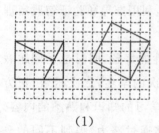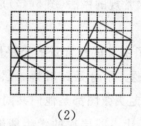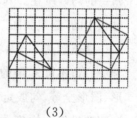

　　　（1）　　　　　　　　（2）　　　　　　　（3）

图 3

思路 2:美观的分割方法。

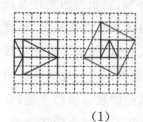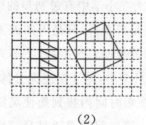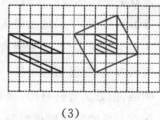

　　　（1）　　　　　　　　（2）　　　　　　　（3）

图 4

思路 3:独具匠心的分割方法。

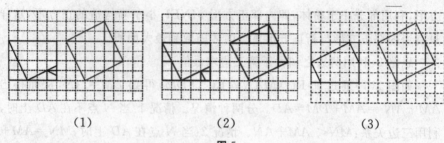

（1）　　　　　　　　（2）　　　　　　　　（3）

图 5

学生提供了几十种拼图的方式。可谓种类繁多，丰富多彩。但纵观所有拼割的方法，解决这一问题只需抓住实质，即图形割补拼接后，只要没有重叠，没有空隙，面积就不会改变，通过将面积 20 开方求出正方形的边长，然后利用勾股定理构造出 $2\sqrt{5}$，在新的正方形中找裁剪的方法然后挪到长方形中。这也是解法

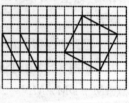

（4）

归一的巧妙所在。其实最常规的做法（图 5（4））是利用推导和验证勾股定理过程中的"赵爽弦图"。

　这道题是一道体现了中考试题背景的公平性的好题，同时也是例题教学中一道不可多得的好题。不管是针对哪一层次的学生，二次函数、正方形、图形全等、勾股定理、赵爽弦图都是他们共同学习的知识和熟悉的内容。在问题设置上梯度分明，让不同层次的学生能够通过努力，得到不同的分值。比如第一问："是否能够裁出一个最大的正方形，最大面积是多少？"大多数学生是能够回答的，因为在小学中有过初步的感知：将矩形的宽作为正方形的边长，可以裁出最大的正方形，只是不知道为什么要这样裁剪，而进入初中学习之后，学生拥有了通过二次函数、不等式、三边关系等多种求最值的方法，在说明理由这一环节中，给了学生充分的选择解决问题的方法的领域，但方法有易有难，能在短时间内找到简便灵活的解题方法的考生，自然会为后续答题赢得时间。第二问要求通过分割矩形拼出最大的正方形，这一问又让学生的解答呈现了三种情形：没有思路、只能画出正方形轮廓、能够画出正方形轮廓及完整的分割线。这三种情形在得分上又有了不同的区分。

这道题在设问上进行了巧妙的设置,充分挖掘了思维方式上的考察,有意减小了画图的强度,采取了在网格中分割与拼接的方法,使得能够找寻到解决问题方法的考生不至于在图形的度量和构型上耗费过多的时间,把有效的时间和精力放在更有需要的地方上。

　　把这道试题作为例题教学,给我们如下启示:通过画图培养学生空间想象能力,还需要学生拥有一定的知识储备和解决问题的能力,经历一个较为复杂的逻辑推理过程之后,才能得出最终正确的结论。这也是在文中提出的数学能力的培养,向来不是对单一的能力的培养,而是各项能力综合、融通培养。如果我们能够在平时的教学中,有意识地引导学生把握课本定理推导的实质,注重课本上的实验与探究,并且能够在此基础上做进一步的深挖细掘,重视“四基”与综合实践的有机融合,相信我们的学生就能够在问题解决上更加善于抓住实质,解决方案也会更加灵活。

提升数学学习力:空间能力的培养之折纸

除了画图,还有另外一种方式可以培养学生的空间想象能力,那就是折纸。折纸活动可以建立起动手操作与动脑思考的联系,同时还可以培养学生的动手能力、观察能力、空间想象能力,对培养学生的团队合作精神、探究精神和创新精神有显著效果。下面,以本人在 2017 年全国"一师一优课"评选中获得部级优课的教学设计《从三角形中位线到三角形内接矩形》为例,着重谈一下如何通过折纸来培养学生的空间能力。

一、教学内容

新人教版《义务教育教科书 数学》九年级下册"相似三角形——应用举例",同时整合八年级下册"特殊四边形"、九年级上册"二次函数"等部分内容。

二、教材分析

2011 人教版教材在八年级下册、九年级上册、九年级下册分别研究了特殊四边形、二次函数、相似三角形,其中特殊四边形为研究圆奠定基础,也是进一步研究平面图形的工具性内容,其性质也是证明两条线段相等、两角相等、两直线平行或垂直的重要依据,相似三角形是全等三角形在边上的推广,是相似变换的延续和深化。相似三角形的条件、性质及其应用又以比例线段为基础,为进一步学习直线与圆、圆与圆的位置关系做准备,它是空间与图形领域中的重要内容。三角形中位线定理是三角形、四边形知识的进一步深化与综合应用,对前后知识起着纽带作用。二次函数是初中阶段学习的重要函数模型,利用其求最值,是数与代数和几何图形结合的一个有力工具。因此以上所涉及的内容,在整个初中教学中,对于学生综合解决数学问题,占据着重要的位置。

三、学情分析

学生已经在八年级下学期学习过特殊四边形,九年级上学期学习过二次函数,九年级下学习过相似三角形,对于特殊四边形的性质及判定,平行线分线段成比例定理、相似三角形的应用以及二次函数的求最值等这些需要重点掌握的内容,在学习的过程中,或掌握不够牢固或对单一知识领域的应用尚可,但综合能力没有得到提升。

折纸对于学生并不陌生,童年都有过折纸的经历。七年级时学生经历了通过折纸来研究线段的中点、三角形的中线、高线、角平分线等,所以学生具备一定的通过折纸研究数学的活动经验;九年级学生又具备了较强的抽象思维能力。在此基础上,夯实重点知识的掌握,开阔学生视野与思维,调整学生学习方式,增强学生学习兴趣势在必行。

四、教学目标

(1)经历折纸的过程,加深对相似三角形、特殊四边形、二次函数等相关知识的掌握。

(2)探究三角形中位线及三角形内接矩形的折叠方法及对方法的理论验证。

(3)借助折纸,提高学习数学的兴趣,提高对几何图形的观察、推理能力及空间能力。

五、教学重难点

(一)教学重点
探究三角形中位线及三角形内接矩形的折叠方法及对方法的理论验证。

(二)教学难点
探究三角形中位线及三角形内接矩形的折叠方法。

六、教学过程

(一)板块一:温故知新,引入新课

1.折出三角形中位线,并从折叠角度对三角形中位线定理进行理论验证。

活动1:组内互查三角形中位线定理、平行四边形、矩形的判定、相似三角形性质、二次函数最值的求法。

活动2:一名学生利用课前准备的几何画板带领大家复习如何利用折纸,折出三角形一边的中点,三角形一边的垂线、高以及角平分线,并说明理论依据。

(1)中点的折法:

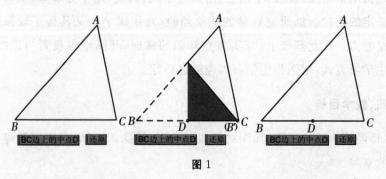

图1

(2)角平分线的折法:

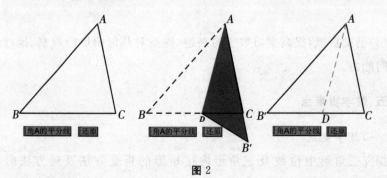

图2

(3)垂线的折法:

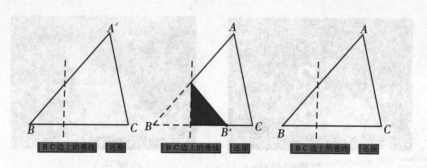

图3

（4）高线的折法：

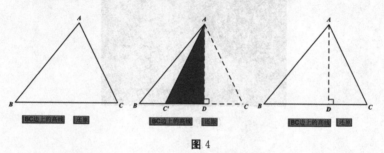

图4

有效设计说明：活动1是为研究本节课做好相关知识和方法的储备。活动2是为研究三角形中位线、三角形内接矩形的折叠方法及原理等做好储备。这样设计，为本节课后续的研究夯实了理论验证基础，同时强化了折叠的核心本质——全等变换。

（二）板块二：猜想探索，形成方法

活动3：折出三角形的中位线。

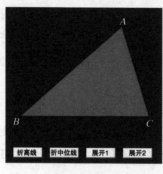

（1）原图

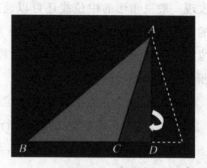

（2）折高线

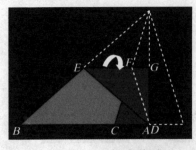

（3）折中位线

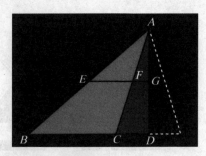

（4）展开1

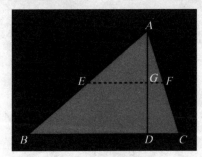

（5）展开2

图5

有效设计说明：学生手中有直角、锐角、钝角三种三角形纸片，会自然想到探索这三种三角形中位线的折叠方法，强化了对三角形的分类的学习。从三角形中位线的定义出发，这三种折叠方法是一样的，即利用前面找线段中点的折叠方法，找到两边的中点，沿两边中点所在直线进行折叠即可。因三角形的特殊性，应该还有特殊的、更加简便的方法。引导学生发现可以直接用顶点与直角顶点对折的方法折出直角三角形的中位线，并由此引导学生发现一般三角形的中位线还可以通过先构造直角三角形，然后再折中位线的方法，并且预设 flash 课件动画演示此方法。这样的设计强化了三角形中位线的特殊折叠方法，并在验证过程中巩固对平行线分线段成比例定理及相似三角形性质的掌握。

活动4：从折叠角度对三角形中位线定理进行理论验证。

问题一：将中位线所截三角形进行翻折，顶点能否一定落在底边上？

问题二：将两个等腰三角形翻折，两个底角的顶点与翻折下来的顶角的顶点是否一定重合？

有效设计说明:学生有折中位线的经验,自然联想到可以将中位线所截三角形进行翻折,利用翻折过后形成的等腰三角形的轴对称性以及前面折纸的活动经验可以得到一个三角形的内接矩形,即本节课三角形内接矩形的第一种折法。要求学生上台展示时两人合作,一人折纸,一人利用几何画板进行现场作图,并进行理论验证。上面所提出的两个问题是为学生活动中自然发现预设的。关于问题一,可以引导学生通过中位线的折叠方法1图5(3)发现顶点一定落在底边上。关于问题二,可以引导学生由三角形的内角和定理发现一定重合。

验证三角形中位线定理一般采用构造平行四边形的方式。而此设计另辟蹊径,转化为从折叠入手,利用矩形性质与判定、等腰三角形性质等来验证三角形中位线定理。

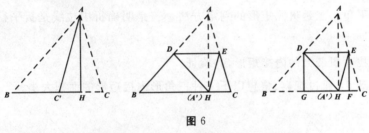

图6

2.折出三角形的内接矩形,并对折法进行理论验证

活动5:找出三角形内接矩形的其他折法,并归类。

(1)折法一:

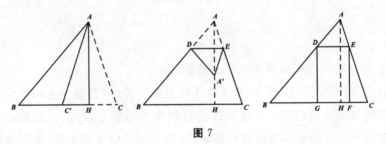

图7

(3)折法二:

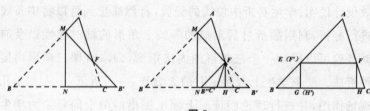

图8

有效设计说明:学生在组内交流各种折法和验证过程。小组中,一名学生上台展示,小组其他成员配合几何画板作图,为理论验证做准备。其中,图7中涉及折平行线 DE,应当是先折 BC 边高线,然后再折平行线。学生容易根据直观感知,直接折一条水平的折线,通过此处引导学生每一步操作或是验证都应做到有理有据,培养严密的数学逻辑思维。这样设计一是为了让学生把握折矩形的规律其实就是找直角,可以通过折垂线和利用两次折叠平分平角。二是巩固矩形的判定方法。三是明确折中位线是折平行线的特例。

3. 找面积最大的内接矩形,并验证

活动6:通过观察、猜想以下三种三角形内接矩形的面积大小。

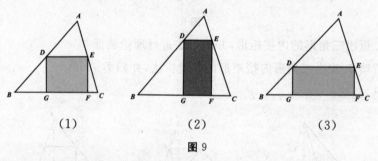

(1)　　　　　　　　(2)　　　　　　　　(3)

图9

活动7:请用几何画板验证你的猜想。

有效设计说明:"猜想"培养学生几何直观,"验证"帮助学生借助信息技术发现规律和结论的能力。在验证的过程中引导学生发现,三角形内接矩形面积的大小受矩形一边位置的影响,即随着 DE 位置的变化,矩形面积在不断变化,当 DE 位于中位线位置时,三角形内接矩形的面积最大。

活动8:理论验证三角形内接矩形的面积何时最大。

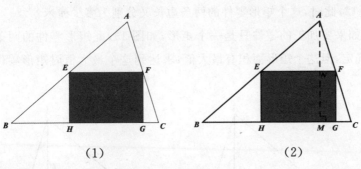

（1）　　　　　　　　　（2）

图 10

已知：△ABC，$BC=12$ 厘米，$EF/\!/BC$，$AM\perp BC$，$AM=8$ 厘米

求证：当 EF 为中位线时，矩形 $EFGH$ 的面积最大。

有效设计说明：为了让学生掌握这种验证的方法，从最一般入手，辅以具体的数值，进行推理运算。实际学有余力的学生可以抽象成字母进一步研究。这样设计的目的是让学生建立求没有面积公式可用的图形面积最值的模型，把矩形面积最值问题转化为二次函数求最值问题，渗透转化、数形结合思想。

活动 9：猜想当三角形内接矩形的一边在其他两边上时，何时面积最大。

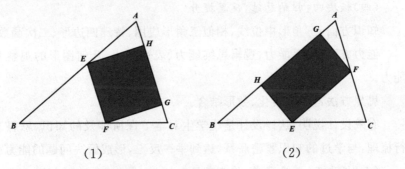

（1）　　　　　　　　　（2）

图 11

有效设计说明：由特殊到一般，可以猜想出这个面积何时最大，最大值是多少，理论验证方式也是一样的方式。这样设计是体现数学活动经验积累的优势所在，让学生能够用已经掌握的方法去研究和探索一类问题。

（三）板块三：巩固练习，适当拓展

一块三角形余料 ABC，边 $BC=24$ 厘米，高 $AD=16$ 厘米。

（1）如果要加工的零件是一个矩形，且是由两个并排放置的正方形所组成,如图12,此时,这个矩形零件的两条边长又分别为多少厘米?

（2）如果要加工的零件只是一个矩形,如图13,此矩形零件的两条边长就不能确定,但这个矩形面积有最大值,求达到这个最大值时矩形零件的两条边长。

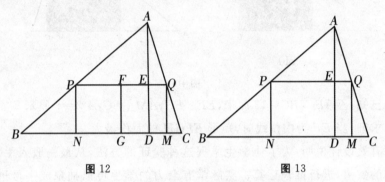

图12　　　　　　　　图13

有效设计说明:这是一道改编过的中考题,此题设计突出考查学生对本节课所积累的活动经验。解题关键:借助相似三角形中对应高的比等于对应边的比的比例式建立内接矩形的边长与三角形一边高的关系,渗透数形结合的思想。

（四）板块四:归纳总结,反思提升

知识方面:三角形中位线、相似三角形应用、特殊四边形、二次函数;

能力方面:动手能力、逻辑思维能力、表达能力、几何图形的观察和推理能力。

思想方法:化归、转化、数形结合。

有效设计说明:这样设计是让学生对本节课所涉及的知识、思想方法进行梳理,与学过的知识紧密联系,达到举一反三,形成解决问题的能力。

（五）板块五:课后思考,作业布置

如何折一个最大的正方形?

有效设计说明:学生通过本节课研究三角形内接矩形的折叠方法,掌握了从特殊到一般的研究方式,从直角三角形入手,寻找特殊的折叠正方形的方法,然后再从一般三角形入手,从相似联想到位似,水到渠成。

七、教学反思

本节课,在学习活动中,借助几何画板和flash,以折纸为主线,以相似三角形应用举例为背景,以研究三角形的内接矩形为载体,通过复习三角形中点及中线、角平分线高线来作为本节课折纸的基本操作方法;通过折中位线,并从折叠的角度验证中位线定理,来引出三角形内接矩形,并围绕它的折法、折法原理及面积最大的判断与理论验证来巩固对相似三角形的性质与应用、平行四边形、矩形的性质与判定及如何利用二次函数求最值的方法等的掌握。

通过教学,发现了学生在基本知识的掌握、数学思考、逻辑推理、模型表达等方面存在的误区,并及时补充、纠正、完善、提升。比如:在活动4验证三角形中位线定理这个环节中发现,学生在推理论证中存在思考不严谨的问题;如一生回答验证的方法时,说到沿中位线折叠,顶点A落在底边上。这个在操作过程中的确是这样,但是为什么会落在上面,这个学生就没有思考,而且大多数同学也对此没有深入的思考。在活动5中,在进行另外两种折叠方法的思考和展示环节中:学生用准确的语言表达的能力还稍显不足,对特殊四边形的性质和判定也会产生混淆。对于几种折叠方法的辨析、归类能力还需要提升,例如三种折叠的方法放到一起,如何从这三种方法中找到相同之处,能否进一步辨析归类,这些能力有待加强。在活动8中,验证三角形内接矩形的最大面积时,要利用相似及二次函数的知识,通过板书及在下面巡视的过程中,发现学生对于平行线分线段成比例定理与相似三角形的性质出现了混淆。

特别值得一提的是,在归纳总结、反思提升环节中,班上一名学生指出,其实在猜想三种内接矩形折法的面积谁最大时,除了采用几何画板测量,只利用折纸就能推断出:沿中位线折,折叠出的矩形各部分都能完全覆盖,所以占整个三角形面积的一半。而其他两种折法,折出来的都有超出,不足三角形面积一半,所以沿中位线折叠得到的三角形内接矩形面积最大。这是学生几何直观的典型体现,也是把折纸作为研究数学工具的思考的升华。

这节课,让人感到欣慰的是,这样的学习方式,学生感兴趣,学习动力足,思维活跃,特别是折纸的环节,学生积极地投入,找到各种方法,动手能力得到加强,几何直观得到进一步的培养,空间想象能力也在几何直观的形成中得到进一步提升。

提升数学学习力:应用能力的培养之建模

数学的应用能力有两种,一是数学收集与分析能力,二是数学建模能力,也就是建立数学模型的能力。什么是数学模型? 就是对一个现实对象,为了一个特定目的,根据其内在规律,做出必要的简化假设,运用适当的数学工具,得到的一个数学结构。什么是数学建模能力? 是指学生选择并运用合适的数学语言、理论、图形以及方法来对模型的形态、数量关系进行描述的能力。

在图形与几何中,我们常通过把图形归类,建立模型图,来帮助学生快速找到解决问题的方法。比如在《相似三角形》一章中,总结归纳一些"模型图",这些模型图反映了一对相似三角形的基本框架结构,若能将这些框架结构牢记于心,就可以很快从中分离或构建出某个"模型图",可以有效地解决问题。下面是我的一节市级公开课的教学实录,通过此,着重谈一下如何通过建模来培养学生的应用能力。

这是一节复习课,通过对平时教学中遇到的各种模型图进行归类,并帮助学生寻找它们之间的联系,尝试利用寻找和构建模型图的方式快速进行相似三角形的判定和应用。

一、模型归类,建立联系

问题1:在相似三角形一章中,研究过的哪几类常见的模型图,它们的结构特点分别是什么?

学生1: A字型 、8字型、母子型、旋转型和一线三等角型(投影所画模型图)。

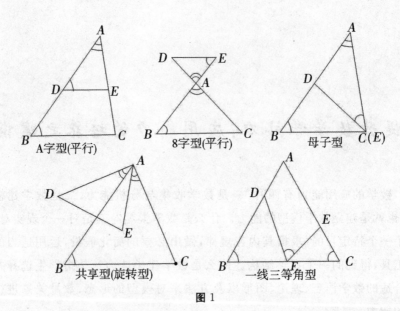

图1

学生2：A字型的特点是条件中有一组边平行,有一对公共角可以作为对应角。

教师：哪位同学还有补充？

学生3：这组边不平行时,也有一对公共角可以作为对应角(图2)。

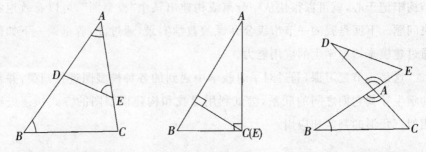

图2 斜A字型(不平行)   图3 母子型(双垂直)   图4 斜8字型(不平行)

教师：是的,这种也属于A字型,我们称它为斜A字型。

学生3：母子型的特点也是有一对公共角可以作为对应角。

教师：还有补充吗？

学生：……

教师：如果赋予CD和AB一种特殊的位置关系,比如垂直(图3),我们在平时遇到过这种图形吗？构成的三个直角三角形之间是什么关系？

学生:奥,遇到过的,两两相似。

教师:对,这是母子型的一种特殊的情况,我们也叫作"双垂直型",其中的三个直角三角形都是两两相似的,我们形象地称为"一母抱两子,母子三相似"。如果要求其中的某条线段的长度,通过相似三角形对应线段的比相等建立方程就可以求得。

学生5:8 字型的特点是有一组边平行,一组对顶角可以作为对应角。当这组边不平行时,也有一对对顶角。

教师:我们把这种也归为8字型范畴,称为斜8字型(图4)。

学生6:共享型的特点是有公共顶点,有一对角有公共部分,只要非公共部分的角相等,就可以得到一对相等的角,作为对应角。

学生7:这种(图5.2、图5.3)也可以看作是共享型,这种(图5.3)可以看作是共用一个角。

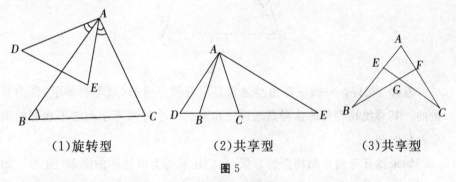

| (1)旋转型 | (2)共享型 | (3)共享型 |

图 5

学生9:一线三等角型的特点是在一条直线上有三个相等的角。

教师:除了图1中给出的模型图,还有其他类似的模型图吗?

学生:……

教师:其实还有很多一线三等角的模型,比如,我们把三角形内的线段的位置变换一下,如图6,这些与图1中的一线三等角型在本质上是相通的,是以三角形为背景的。

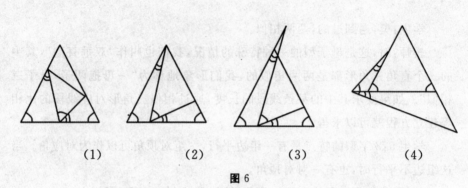

(1)   (2)   (3)   (4)

图 6

教师：大家再思考一下，只在三角形中出现一线三等角型吗？

学生 10：不，还见过在梯形中出现(图 7)，这是以梯形为背景的。

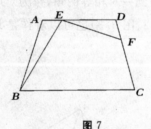

图 7

　　教师：很好。一线三等角型通常是以等腰三角形(或等腰梯形)作为背景的。其寻找相等角的途径是通过三角形的一个外角等于和它不相邻的两个内角的和。

　　如果抛开三角形和梯形的背景，我们还看到类似这样的图形(图 8)。如果再赋予这三个角更加特殊的条件，比如直角，就变成了我们常见的类似于 K 字型的模型图(图 9)，我们也叫作三垂直型。但无论怎样变化，本质都是三个角相等，两三角形相似仍成立。

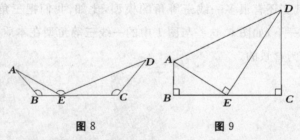

图 8   图 9

　　点评：在《相似三角形》一章的日常教学中，我有意识渗透寻找和构建模型图的思想。在解题过程中,遇到相类似的问题,会引导学生进行辨析,观察相近图形的共同特征,在进行这节复习课前,我布置了让学生尽可能全面地收集整理在学习过程中遇到的模型图和相关典型例题。从课堂上学生的表现来看,存在这样两方面的问题:一是对于日常学习中遇到的模型图不能完整全面地概括和分析。二是能掌握单一模型图的结构特点,但是缺乏对同一类模型图共同特征的提炼和在不同背景下同一类模型图的辨析。通过这个环节,学生对所有类型的模型图,包括在不同条件和背景下的模型图有了一个整体上的较为深刻的认知。

问题2:各类模型图之间存在联系吗?

教师:同学们熟悉了各类模型图的结构特征后还能否找到这些独立的模型图之间的联系呢?

学生:……(学生陷入深思)

学生11:A字型中当 DE 不平行于 BC 时,就变成了斜 A 字型,当 DE 沿着 AC 下滑,到与 C 重合时,就变成了"母子型",当垂直时就是母子型中的双垂直型。

教师:很好。这个同学从动态平移的角度分析这三类模型图之间的关系。其他同学还有补充吗?

学生12:当 DE 向上平移与三角形两边的延长线相交,就是8字型,DE 不平行于 BC 时就是斜8字型。把△ADE 以 A 为旋转中心,顺时针或者逆时针旋转,就是旋转型。

教师:说得很好。这几类模型图有没有共同的特征呢?

学生:(你一言我一语)有一对公共角,有一对顶角,还有有公共部分的角……

教师:A字型与8字型都存在平行与不平行两种情况,但都有一对公共角可以作为对应角,母子型和8字型、旋转型都是围绕 A 字型进行变幻的,只要∠DAB=∠CAE,那么便可以找到一对相等的角。所以它们之间看似不同,但却有着相通的地方:即有一对相等的角是公共角或者有公共顶点的部分共享的角可以作为公共角。这将作为判定相似三角形的一个非常典型的特征(边说边出示各模型图间关系图)。

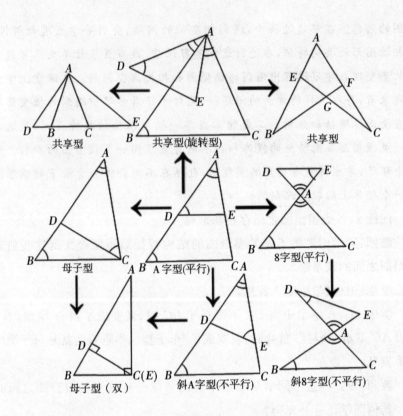

图 10

点评：学生在对单一模型图结构特点分析的基础上，缺乏建立各类模型图之间联系的意识，也没有关注各类模型图因可以通过相互变换建立联系而具备共同或相近特征的特点。所以这个环节，重点引导学生在对模型图认识支离破碎的基础上建立起一个比较完整的框架，并逐步认识到这些独立的模型图之间并不孤立，而是有着千丝万缕的联系，为学生提升综合运用模型图解决问题的能力做好铺垫。

二、模型应用，独辟蹊径

问题 3：通过寻找和构建 A 字型与 8 字型模型图解决问题。

教师：研究各类模型图的结构特点以及它们之间的关系，是为了通过寻找和构建这些模型图来帮助我们快速准确的解决问题。请同学思考下面的问题。

典例 1:如图 11,平行四边形 $ABCD$ 中,E 为 DC 边上的一点,连接 AE 并延长交 BC 的延长线于 F,若 $CF:CB=1:2$,$S_{\triangle CEF}=4$ 则 $S_{\triangle AED}=$ _____ $S_{\triangle ABF}=$ _____。

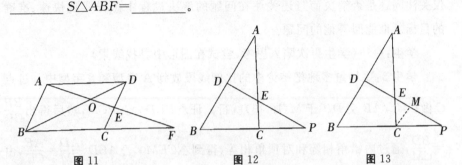

图 11   图 12   图 13

学生 1:△AED 与 △ABF 在 A 字型和 8 字型图中,这样可以得出 △AED∽△FEC,△FEC∽△FAB。根据 $CF:CB=1:2$,能求出相似比,再利用相似三角形面积的比等于相似比的平方就能求出。

教师:这位同学的思路非常简洁。你是怎么快速找到 A 字型和 8 字型模型图的?

学生 2:嘻嘻,刚才刚分析了 A 字型和 8 字型,我就有意识去找,就找到了。

教师:那如果没有刚才的情境呢?

学生 3:平行线。A 字型和 8 字型构成中都有平行线。

教师:这位同学的回答一语中的啊。根据前面对模型图特点的分析,平行线是 A 字型和 8 字型的标志性条件,所以遇到平行关系可以首先考虑 A 字型和 8 字型。

问题 4:如何构建 A 字型和 8 字型?

教师:当题目中没有明显标志性的条件,又该怎样构建 A 字型和 8 字型模型图解决问题呢?请同学们思考下面的问题。

典例 2:已知:如图 12,直线 DE 和 BC 的延长线相较于 P,$AD=BD$

求证:$\dfrac{BP}{CP}=\dfrac{AE}{CE}$

学生:……(学生陷入思考)

学生 1:A 字型和 8 字型跟平行线有关系,所以需要构造平行线。

学生2：可是从哪里构造平行线能快速、准确地解决我们的问题呢？

教师：这个同学提出的问题反映了这个同学思考解决问题的方法时，不仅关注问题是否解决而且还关注在问题的解决过程中怎样实现快速、准确的目标。谁能回答他的问题？

学生：……（学生再次陷入思考，尝试在图形中寻找线索）

学生3：要尽量多地把结论中的比例线段放到A字型和8字型中。过点 C 做 $CM/\!/AB$ 交 DP 于 M（图13）就行。证 $\triangle PBD \backsim \triangle PCM$，然后得出 $\dfrac{BP}{CP}$ $=\dfrac{BD}{CM}$，通过内错角相等和对顶角相等，得到 $\triangle CEM \backsim \triangle AED$，$\dfrac{AD}{CM}=\dfrac{AE}{CE}$，由 $AD=BD$，得到 $\dfrac{BP}{CP}=\dfrac{AE}{CE}$。

教师：很好。综合这几位同学的精彩提问和回答，我们在构建A字型和8字型模型图时，一是要从结论入手，根据模型图的特点确定平行线；二是要关注题目中所给的比例线段，确定构造平行线的准确位置。

问题5：通过寻找和构建一线三等角模型图解决问题。

典例3：如图，在四边形 $ABCD$ 的 AB 边上任取一点 E（点 E 不与点 A、点 B 重合），分别连接 ED、EC，可以把四边形 $ABCD$ 分成3个三角形。如果其中有2个三角形相似，我们就把点 E 叫作四边形 $ABCD$ 的 AB 边上的相似点。如果这3个三角形都相似，我们就把点 E 叫作四边形 $ABCD$ 的 AB 边上的强相似点。

（1）若图14中，$\angle A = \angle B = \angle DEC = 50°$，说明点 E 是四边形 $ABCD$ 的 AB 边上的相似点。

（2）①如图15，画出矩形 $ABCD$ 的 AB 边上的一个强相似点。（要求：画图工具不限，不写画法，保留画图痕迹或有必要的说明）②对于任意的一个矩形，是否一定存在强相似点？如果一定存在，请说明理由；如果不一定存在，请举出反例。

（3）在梯形 $ABCD$ 中，$AD/\!/BC$，$AD<BC$，$\angle B = 90°$，点 E 是梯形 $ABCD$ 的 AB 边上的一个强相似点，判断 AE 与 BE 的数量关系要求画出示意图并说明理由。

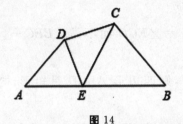

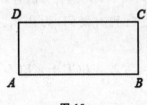

图 14　　　　　　图 15

教师:对于这个问题,同学们能否根据上面我们给出的寻找和构建 A 字型和 8 字型模型图的方法,自己解决?

学生:……(学生兴趣浓厚,开始思考)

学生1:要证明点 E 是 AB 边上的相似点,只要证明有一组三角形相似就行。用图 8 给的那个一线三等角的模型,能证出△ADE∽△EBC。

学生2:可是构造三个相似的三角形应该从哪里入手呢?

学生3:前面我们总结了一个一线三等角模型的特殊形式——三垂直型。在 AB 上构造点,出现那个模型就行。

学生4:怎么找直角啊?

学生3:以 CD 为直径画半圆,取半圆弧与 AB 的一个交点(图16)。

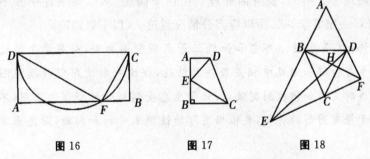

图 16　　　　　图 17　　　　　图 18

教师:这位同学结合模型图利用圆的性质去解决相似三角形的问题,这种综合运用所学知识和方法的做法值得同学们学习!

学生5:因为点 E 是 AB 边上的一个强相似点,∠B＝90°,所以∠A＝90°,根据前面的一线三等角型中的三垂直型,可以得到∠DEC＝90°,所以∠AED＝∠BCE。因为∠BEC＝∠ECD,∠ADE＝∠EDC,所以△ADE∽△EDC,得 AE・CD＝DE・EC;由△BCE∽△ECD 得 BE・CD＝DE・EC;所以 AE＝BE。

教师：同学们对这种方法有疑问吗？

学生6：我有疑问，为什么$\angle BEC = \angle ECD$而不是$\angle BEC + \angle ECD = 90°$？

学生5：若$\angle BCE + \angle ECD = 90°$，则四边形$ABCD$是矩形，与梯形矛盾。

学生6：我还有疑问，为什么$\angle DEC = 90°$而不是$\angle EDC = 90°$呢？

教师：这个问题问得好，谁能来回答？

课堂忽然变得安静，学生们都陷入了深深的思考。许久之后大家开始自发讨论起来。更多的学生开始质疑学生4的回答。

学生7：我认为$\angle ADE < 90°$，所以$\angle EDC$完全可能等于$90°$。所以，这个题应该是有两种情况的：①$\angle DEC = 90°$；②$\angle EDC = 90°$。

师：同学们的意见呢？

生：赞同（学生片刻沉默之后齐答）。

师：我要为刚才质疑和给出第二种情况解答的这两位同学喝彩。我们总结的模型图"三垂直型"是固定了三个直角位置的，但是在实际问题中，不能生硬地去套模型，要灵活处理。像这个问题，从已知条件中并不能判断$\angle DEC$一定等于$90°$，所以应当分情况讨论。（以下思路略）

评：以A字型、8字型和一线三等角模型图为例，引导学生通过结合模型图本身特征和题目中相关条件及结论，快速判断使用哪种模型图及构造辅助线时应当如何找到突破口；让学生感受到对于模型图的应用，不能完全拘泥于原有图形的特征，要根据实际的情境来分析和判断，避免出现漏解和错解。

三、归纳小结，内化分享

值得思考的问题：

(1)通过本节课的学习，你对相似三角形中模型图的结构特征和各模型图之间的内在联系有了整体而深刻的理解了吗？

(2)根据模型图的特征你能在综合题目中快速准确地判断和构建模型图来解决问题吗？

（3）你能够不拘泥于现有的模型图，根据题目的实际条件举一反三的进行模型图的构建与应用吗？谈谈你的感受（余略）。

本节课是建立在日常教学中不断向学生渗透图形建模思想的基础上而设计的，主要目的是把在相似三角形中的一些基本图形归类。建立模型图，引导学生在解题中学会观察图形的特征，并能通过寻找和构建模型图进行快速判断，优化解题思路。通过对模型图间关系的分析，引导学生从图形变换的角度来观察和分析问题，学会寻找和总结解决问题过程中的一些共性的问题，从而发现规律，使得问题的解决驾轻就熟。

本设计主要安排了三个教学阶段，分别是模型归类，建立联系；模型应用，独辟蹊径；归纳小结，内化分享。分别通过让学生回顾日常学习中零星建立起的模型图极其各自的结构特点，寻找它们之间的联系，以便更好地进行综合分析、判断和应用。以 A 字型、8 字型和一线三等角型三个模型图为例引导学生思考如何在图形中寻找和构建模型图，实现解题思路的优化。尤其需要引导学生注意的是，模型解题切忌走入生搬硬套的怪圈，比如在一线三等角模型的运用中，给出了一种"三垂直型"的模型图，很多学生就受模型图的影响，陷入了三个直角一定是在一条直线上的误区，忽略了问题中的另外一种情况。所以，模型解题要在培养学生良好的建模的思维品质的同时，进一步培养学生的求异思维和举一反三的能力。

提升数学学习力：
应用能力的培养之开展综合实践活动

　　《数学新课程标准》应用意识是这样要求的：应用意识有两个方面的含义："一方面，有意识利用数学的概念、原理和方法解释现实世界中的现象，解决现实直接中的问题；另一方面，认识到现实生活中蕴含着大量与数量和图形有关的问题，这些问题可以抽象成数学问题，用数学的方法予以解决。"在整个数学教学的过程中都应该培养学生的应用意识。综合实践活动是培养应用意识很好的载体。结合我日常的实践案例，谈一下如何通过综合实践活动提高学生的应用能力。

一、"跳大绳"的愉快启示

　　荷兰数学教育家弗赖登塔尔把数学学习看作是一种活动。他反复强调："学习数学唯一正确的方法是实行再创造，也就是由学生本人把要学的东西自己去发现或创造出来，教师的任务是引导和帮助学生去进行这种再创造的工作，而不是把现成的知识灌输给学生。"

　　二次函数是描述现实世界变量之间关系的重要数学模型，也是单变量最优化问题的数学模型，同时二次函数的图像和性质又体现一种重要的数形结合的数学思想，对学生基本数学思想和素养的形成起推动作用。所以这部分内容是教学过程中的重中之重。但因其知识结构的特殊性，历届学生每学习到此总是感觉困难重重。即使"大纲"一再降低对二次函数的要求，但学生研究起来还是感觉抽象而又枯燥，学习热情也异常低迷。

　　这届学生也无一例外，马上就要进行到二次函数的应用阶段了，这部分内容是对前面所学二次函数知识的系统整合环节，学生的畏难情绪再次加重了教学的难度。怎样克服学生的这种情绪？如何重新唤起他们的学习兴趣，激发他们的学习热情？我反反复复地思考。忽然看到手头的一道练习题，我的大脑闪过了一道灵光：我决定搞一次活动，让学生在活动中把要学的东西自己去发现和探究出来。

在进行新课的前一天下午，我对同学们说："同学们，这段时间大家学习太累了，我们利用课外活动的时间去跳大绳放松一下，好吗？""好！"大家一致响应。"还有，我们这次跳大绳还有个小小的活动，顺便可以不用尺子量量同学们的身高。大家记得带支笔啊！""咦？……"学生们不知道我葫芦里卖的什么药，新奇而又兴奋地来到操场。

首先，我让两名同学抡着绳子其他同学排好队按常规跳了十分钟热了热身。不等我安排，学生们已经按捺不住了："教师，赶紧切入主题吧！"接着我把事先准备好的小黑板拿出来，上面有这样一幅位置布置的示意图（图1）。

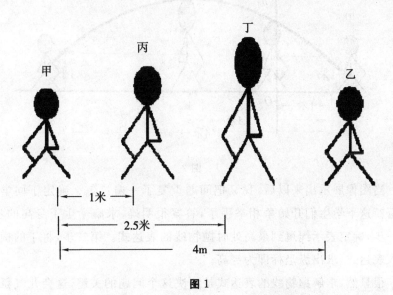

甲　丙　丁　乙

|← 1米 →|

|← 2.5米 →|

|← 4m →|

图1

按照示意图上的指示和我在地上事先经过测量做好的标记，我让甩绳的两名同学（甲和乙）拿绳的手间距为 4 米，距地面均为 1 米，让这名身高为 1.5 米的同学（丙）站在距甲拿绳的手水平距离为 1 米的地方，让另一名同学（丁）站在离甲 2.5 米的地方。一切安排妥当之后，我开始向焦急等待的同学抛出问题:"绳子到最高处时刚好通过他们的头顶,我们已经知道了学生丙的身高是 1.5 米,那同学丁的身高是多少?"学生一片沉寂。我因势利导:"同学们,刚才我们在跳大绳时,绳甩到最高处的形状类似于我们学过的什么图像?""抛物线!"学生们稍加思索便脱口而出。"哦……"有些同学开始若有所思了。"这个问题可以看作一个二次函数的问题嘛!"有同学吆喝。"对,对……"马上有不少同学表示赞成。这时我趁机把事先准备好的白纸让课代表发了下去,不等我提出要求学生已经开始自发地热烈讨论起来。我不断地游走在这些讨论的小群体中,聆听他们思想中迸发的"火花",渐渐地发现,许多同学已经开始尝试着把抛物线和坐标轴画出来了,经过筛选,我选了一种比较利于求解的图像形式如图 2,把它画到了黑板上。

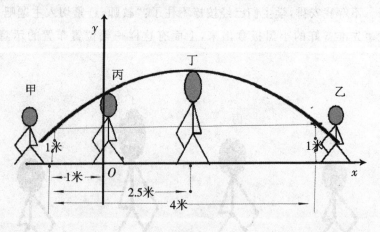

图 2

当图像展示出来以后,我又把问题重复了一遍:"怎么确定丁同学的身高啊?"这下学生们开始争相举手了,答案很明确,求解学生丁身高的步骤:第一步,确定表示绳甩到最高处时抛物线的表达式。第二步,将丁的横坐标代入表达式,求出纵坐标即为身高。

很显然,求解抛物线的表达式是解决这个问题的关键,这会儿气氛越来越热烈,不等我要求,同学们已经在纸上演算起来。看看那个场面,有趴在台阶上的,有伏在地上的,有按在同学背上的……在读写条件这么不方便的情况下,我却发现了在教室中很少见到的学习热情。

十分钟过去后,陆续有同学求解出答案来了。在答案汇总的过程中,我们发现不同的同学在确定二次函数表达式时采用了一般式、顶点式、交点式等不同的方法,特别值得一提的是交点式的解法,同学们利用了图像平移的方法,将图像向下平移一个单位(在本题中是 1 米),则得到如图 3 所示的抛物线:

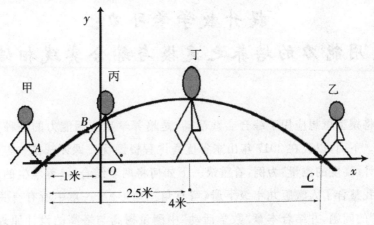

图 3

即 $A(-1,0),C(3,0)$,设二次函数的表达式为:$y=a(x+1)(x-3)$,

又图像经过 $B(0,0.5)$,

所以 $0.5=a(0+1)(0-3)$,

解得 $a=-\dfrac{1}{6}$ 所以 $y=-\dfrac{1}{6}(x+1)(x-3)$,

将 $x=1.5$ 代入上式得:$y=0.625$,

因为图像向下平移了 1 个单位(即 1 米),

所以丁同学的身高应该为:$0.625+1=1.625$(米)。

至于如何测量自己的身高,解决完丙同学的身高后方法自然明了了:找到刚好过自己头顶的位置,量出到丙同学的水平距离,用跟丙同样的方法即可求得。

活动在愉快中结束了。学生们还意犹未尽,纷纷要求以后多搞几次类似这样的活动。这也促使我暗暗为自己定下目标:在课堂上应尽最大可能地采取各种方式创造一种使大家愉快、有强烈求知欲、积极地探求知识的心理气氛,在愉快的体验中激发他们的发现力和创造力,并让这种心理气氛是在师生的交流互动中产生和发展起来,继而创造性地完成我的教学任务。

提升数学学习力：
应用能力的培养之建模与综合实践相结合

将模型思想应用于综合实践活动，是培养学生应用能力的一种更好的方式。下面，以我在2017年山东省优秀课程资源优质课评选获一等奖的教学设计《高度的测量》为例，着重谈一下如何将两者结合，培养学生的应用能力。我整合了人教版九年级下册《解直角三角形》这一章中所有有关"高度测量"的问题，并结合本章"数学活动"中测量树高与塔高的设计原理，利用历史上泰勒斯测金字塔的故事来丰富和加深学生对利用三角形相似性质来测量物体高度的认识。师生共同借助信息技术创设、模拟了多处与教学内容相适应的情景，特别利用几何画板，引导学生整合了所有有关高度测量的习题中图形的特点，帮助学生构建了一个解决高度测量问题的"数学模型"。这个模型为同学们解决这一类问题找到了一个突破口，并提高了学生学习数学的兴趣和应用能力。

一、课前准备

以个人或小组为单位搜集、设计有关测量旗杆高度的方案，以有效的方式在课堂上向同学们展示。

二、问题提出

（一）被测物体底部可以直接到达
（1）利用太阳光线结合相似三角形性质进行测量。

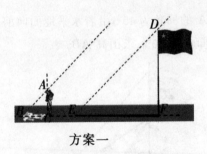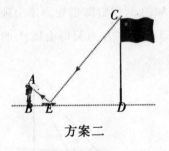

方案一   方案二

图1

（2）教师通过视频向同学们介绍古希腊哲学家泰勒斯测量金字塔的故事。

（3）播放有关学生课前自己录制的,自制侧倾器利用解直角三角形的知识进行旗杆测量的视频,让学生完整展示测量的整个过程,引发学生的思考,如图1。

设计意图:通过数学史的渗透,用古人的智慧来激励学生,帮助学生树立学好数学的信心。通过对学生课前所提供方案的筛选,选取了一名同学制作的课件和一个小组录制的视频。前者是利用相似三角形的性质,但受太阳光线的限制;后者是利用解直角三角形的性质,不受太阳光线的限制。学生还自制教具并带领小组录制了视频,在活动中发挥创造力,体验解直角三角形的方法的应用。

（二）被测物体底部不能直接到达

教师提出问题:设计一座大山高度测量的方案。学生产生认知冲突。

教师又出示:实际问题(课本例题4),开始逐步解决问题。

学生思考:可以利用余弦函数分别求出两直角边,然后利用勾股定理求斜边,也可以分别利用正切分求出斜边的两部分。

设计意图:引导学生从不同角度思考问题,进一步熟悉直角三角形各元素之间的关系,为后面建立模型打下基础。

三、建立模型

教师引导:思考下列问题的解决方法,比较不同方案解决方法的区别与联系。

如图2,在山脚C处测得山顶A的仰角为45°,沿着水平地面向前300米到达D点,在D点测得山顶A的仰角为60°,求山高AB。

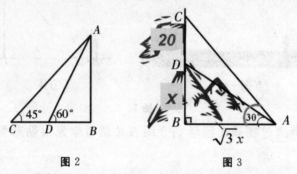

图2　　　　图3

两名学生思考并板书,一生区别两种解法的区别与联系,建立一锐角为60°的直角三角形在设未知数时的模型。即,设直角三角形60°角的邻边为x,另一条直角边为$\sqrt{3}x$。

设计意图:建立"解直角三角形遇特殊角60°设未知数"的模型,为后续变式及高度测量建立模型做好铺垫。

变式一:如图3山顶上有一旗杆,在地面上一点A处测得杆顶C的仰角α=45°。

杆底D的仰角β=30°,已知旗杆高CD=20米,求山高BD。

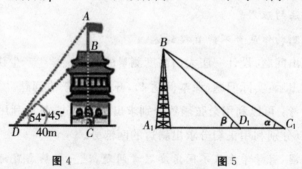

图4　　　　图5

变式二:如图4建筑物BC上有一旗杆AB,由距BC 40米的D处观察旗杆顶部A的仰角为54°,观察底部B的仰角为45°,求旗杆的高度(精确到0.1米)。

变式三:如图5,要测量铁塔的高A_1B,在地面上选取一点C_1,在AC_1两点之间选取一点D_1,测得$C_1D_1=10$米,在C_1D_1、两点处分别用测角仪测得铁塔顶端B的仰角α=30°和β=45°已知测角仪支架忽略不计,求铁塔的高

（结果保留根号）。

教师引导：观察几种变式之后，能否找到这类问题的共同点？

学生思考：此类问题其实都是同一个图形经过旋转和翻折得到的，这个图形即为解决这一类问题的模型，如图6。

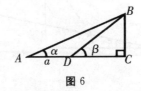

图6

四、模型分析

若建筑物 BC 底部不能直接到达，测量建筑物 BC 的高度时，可以在 A 地测得建筑物顶端 B 的仰角为 α，向前走 a 米，在 D 点测得 B 的仰角为 β，此时利用解直角三角形的知识可求得 BC 的高度。

五、模型应用

教师引导："请同学们运用我们总结的这个模型，来思考一下刚上课时出示的那座大山高度的测量方案"。

学生思考：独立思考后分组交流方案，派代表上讲台以图形的方式展示。

教师追问：

请阐述：①不考虑测倾器高度的方案。②考虑测倾器高度的方案。

设计意图：利用几何画板对图1的三次变换，结合各类习题中的实际问题，引导学生建立测量此类底部不能到达物体高度问题的模型。通过对模型的分析，得出解决底部不能到达建筑物的高度测量的方案。

六、延伸拓展

教师引导："刚才遇到的高度测量的问题都是所测物体直接存在于直角三角形中的。如果我们要测量的物体没有存在于直角三角形中，那我们又该怎样解决呢？你还有几种解决方案？"

如图7，在一个坡角为15°的斜坡上有一棵树，高为 AB，当太阳光与水平线成

60°时,测得该树在斜坡上的树影 *BC* 的长为 7 米,求树高(结果保留根号)。"

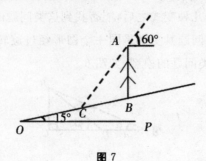

图 7

学生回答:方法 1:做高构建直角三角形。方法 2:利用相似三角形的性质。

设计意图:通过解决被测物体不直接存在于直角三角形中的问题,来进一步体会解直角三角形中"化斜为直"的方法,和利用相似三角形对应边成比例求线段长度的方法。

七、感悟收获

教师引导:"学习了这节课,你获得了哪些解决问题的方法?这些方法中又渗透了哪些数学思想?"

我的设计反思:整节课以测量物体高度为主线,从被测物体的顶部可以直接到达被测物体底部;从所测量物体直接存在于直角三角形中到所测量物体存在于斜三角形中需要间接构建直角三角形。这两方面进一步帮助学生体会数形结合思想、转化思想、方程思想等在数学学习和研究中的应用。

本节课充分利用了数学史对学生的教育和激励作用,突出新课标中对"模型思想"这个核心概念的感悟,采纳了新课标中"课程资源开发与利用建议",通过信息技术向学生提供并展示多种类型资料,培养了学生的创新意识和应用意识。

学生能主动地发现数学与生活的联系,积极地运用所学的数学知识解释生活中的现象和生活中的问题,是学生具备数学应用意识的一个重要体现,也是核心素养之一。通过建模,以综合实践活动为重要载体,是培养学生数学应用能力的重要方式。

提升数学学习力：
逻辑思维能力的培养之数学语言

数学中对逻辑思维能力的培养胜过任何一个学科。数学的逻辑性很强，初中是学生的逻辑思维由"经验型"过渡到"理论型"的阶段，这个阶段的学习将直接影响到学生后续课程的学习。因此，教师根据初中学生学习数学的逻辑思维障碍，有针对性、循序渐进地促进他们逻辑思维的发展，具有十分重要的意义。

一、发展逻辑思维能力，排除数学语言障碍是基础

数学基础知识是思考的依据，不熟悉基本概念、公式、定理和法则，形成和发展逻辑思维能力将是一句空话。

数学语言是数学基础知识的重要组成部分，初中数学语言学习的障碍主要表现为数学语言识别障碍、数学语言理解障碍、数学语言转化障碍、数学语言表达障碍。

（一）数学语言识别障碍

数学语言识别障碍是指学生不能识别数学语言的基本属性及其暗示的信息。包括两个层次：①不能识别数学语言的基本属性及其所表示的数学对象。②不能识别符号语言的暗示功能。例如，当学生面对一组数 $1, 0.2,$ $3.14, \sqrt{5}, \sqrt{9}$ 等时，必须识别哪些是整数、小数、有理数、无理数。如果把 $\sqrt{9}$ 当成是无理数，把 3.14 当成是 π，不能识别符号语言的暗示功能，不能根据暗示信息采取正确的解题策略，这就发生了数学语言识别障碍。解决的方法是，提高学生自然语言能力和对数学事实的理解程度。

（二）数学语言理解障碍

数学语言理解障碍是指初中生不能正确理解数学语言，比如"对边""互为相反数""直线 AB 经过一点 C""有且只有"等。初中生的数学思维在一定程度上依赖于具体的感性材料，这决定了他们学习数学语言时，只能由特殊到一般，由具体到抽象的循环渐进过程。教师根据这一特点，首先用具体的模型帮助学生理解数学语言，比如：讲解"两点确定一条直线"时，教师可以把一个图钉固定在黑板上，在图钉上系上一条细线，将细线拉紧，绕图钉左右上下旋转，这时再用另一个图钉把这条细线固定住，则细线就不能动了；其次，引导学生分析定义，命题等中数学语言的含义，对某些语言要"咬文嚼字"。

（三）数学语言转换障碍

数学语言转换障碍是指学生对于不同的表达形式表征同一数学语言时，或者在同一种表达形式的数学语言的内部进行转换时出现问题，主要表现在符号语言、图像语言和文字语言的相互转换产生障碍。比如：对三角形高的定义中的文字语言"从三角形一个顶点向它的对边做一条垂线，三角形顶点和垂足之间的线段……"，不能转换为图像语言、导致记住了概念后依旧做不出三角形的高，尤其是钝角三角形。为克服这一问题，教师要让学生多练习、多动手，比如要求学生能根据题意画出图形，将数学语言和图形结合起来，能将定义、定理、命题等翻译成符号语言，能将实际问题中的文字语言翻译成符号语言等。数学语言表达障碍主要表现为学生不能正确或全面地将数学问题的解决过程用数学语言表达出来。

数学语言表达障碍主要体现为学生不能正确或全面将数学问题的解决过程用数学语言表达出来，可分为口头表达障碍和书面表达障碍，有 4 个层次，即：不能表达出来、表达有错误、表达不全面或不清楚、不能用不同的语言表达形式来表达同一个数学信息。这四个层面就可以评价学生对某一数学知识的理解程度，如果从中挖掘出学生错误的根源，最终达到帮助他们理解数学的目的。此外，要进一步克服语言表达障碍还要让学生掌握数学的语法规则、辨析与自然语言的差别，提高熟练运用图像、表格等的能力，同时要排除心理因素对表达的干扰等。

二、发展逻辑思维能力,排除"推理不严"是保障

小学阶段的数学结论主要靠观察、经验获得,再加上初中学生的逻辑思维对直观图形依赖太强,导致了初中生往往凭观察和经验创造出一些想当然的结论。比如,在解有关三角形的题目时,如果题目中的三角形看起来两边相等,学生会凭观察直接把题中的三角形当成等腰三角形。

要消除这种思维习惯,首先要求教师要有意识地强调证明的重要性。比如,进行三角形内角和定理的学习时,大多通过折纸、拼角的方式进行猜想,这时可以辅助于几何画板,用枚举的方式然提高学生感受到有大量三角形符合猜想,而逐一验证时验证不完的,这个时候就需要引入数学证明。其次,通过典型例题的示范,让学生明确画图、识图要有依据,帮助学生分析每一步证明的已知是什么,结论是什么,用了什么定理、公理。明确逻辑推理的步骤,形成思维层次,避免混乱,从而提高学生逻辑思维能力。

三、发展逻辑思维能力,排除"思维不缜密"是目的

初中是培养学生逻辑思维的良好和关键时期,在初中教材的几何板块中,就逐步体现了逻辑思维能力的重要性,尤其是全等三角形的判定部分。有效克服和排除逻辑思维能力障碍,初中生的数学思维才能更好发展。教师要分阶段逐步提高初中生的逻辑思维,不能急于求成,忽略初中生的逻辑思维水平。

提升数学学习力：
逻辑思维能力的培养之一题多解

　　初中数学证明题是培养中学生逻辑思维能力的重要工具，而"一题多解"是培养学生逻辑思维能力最有效的途径。一题多解，就是启发和引导学生从不同角度、不同思路，运用不同的方法和不同的运算过程，解答同一道数学问题。在数学教学中，进行一题多解的训练，有利于启发学生思维，开阔其视野，培养其全方位地思考问题、分析问题的能力，同时可以培养学生积极思维，触类旁通，提高思维敏捷性、灵活性和深刻性。

　　以通过一题多解来引导学生构造两条平行线之间的辅助线，熟练地运用平行线的判定定理和性质定理进行推理和解决相交线与平行线之间的动点移动问题为例：

　　如图1，直线 $AB /\!/ CD$，连结 AC，直线 AB，CD 及线段 AC 把平面分成①，②，③，④四个部分（图1），规定：线上各点不属于任何部分。动点 E 落在某个部分时，连结 EA，EC，构成 $\angle EAB$，$\angle AEC$，$\angle ECD$ 三个角（提示：有公共端点的两条重合的射线所组成的角是 $0°$ 角）。试探究以下情形时，$\angle EAB$，$\angle AEC$，$\angle ECD$ 三个角之间的关系。

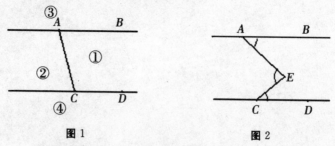

图1　　　　　　　　　　图2

　　情形一：当动点 E 落在第①部分时，试探究 $\angle EAB$，$\angle AEC$，$\angle ECD$ 三

个角之间的关系,并说明理由。

解法一：

如图3,过点 E 作 $EF /\!/ AB$,

$\because AB /\!/ CD$,

$\therefore EF /\!/ CD$,

$\therefore \angle 1 = \angle 2, \angle 3 = \angle 4$,

$\therefore \angle AEC = \angle 2 + \angle 3 = \angle BAE + \angle DCE$。

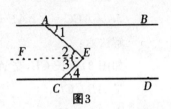

图3

解法二：

如图4,过点 E 作 $EF /\!/ AB$,

$\because AB /\!/ CD$,

$\therefore EF /\!/ CD$,

$\therefore \angle 1 + \angle 4 = 180°, \angle 3 + \angle 5 = 180°$,

$\therefore \angle 1 + \angle 4 + \angle 3 + \angle 5 = 360°$,

$\because \angle 2 + \angle 4 + \angle 5 = 360°$,

$\therefore \angle AEC = \angle BAE + \angle DCE$。

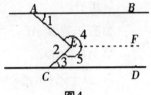

图4

解法三：

如图5,过点 A 作 $FA /\!/ EC$,交 DC 于 F,

则 $\angle 5 = \angle 4 = \angle 3$,

$\angle 2 = \angle 1 + \angle 5 = \angle 1 + \angle 3$,

$\therefore \angle AEC = \angle BAE + \angle DCE$。

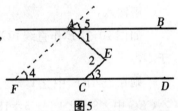

图5

解法四：

如图6,过 C 作 $FC /\!/ AE$,交 BA 于 F,

则 $\angle 1 = \angle 5 = \angle 4$,

$\angle 2 = \angle 4 + \angle 3 = \angle 1 + \angle 3$,

$\therefore \angle AEC = \angle BAE + \angle DCE$。

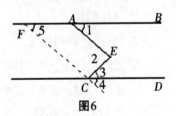

图6

解法五：

如图7,延长 AE,交 CD 于 F,

$\because AB /\!/ CD$,

$\therefore \angle 1 = \angle 4$,

∴∠2=∠3+∠4，

∴∠AEC=∠BAE+∠DCE。

解法六：

如图8，延长 CE，交 AB 于 F，

∵ AB∥CD，

∴∠4=∠3，

∴∠2=∠1+∠4，

∴∠AEC=∠BAE+∠DCE。

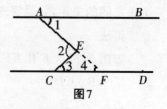

图7

解法七：

如图9，连接 AC，

∵ AB∥CD，

∴∠1+∠4+∠5+∠3=180°，

∵∠2+∠4+∠5=180°，

∴∠2=∠1+∠3。

∴∠AEC=∠BAE+∠DCE。

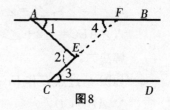

图8

解法八：

如图10，过 E 作直线 FG，交 AB 于 F，交 CD 于 G，

则在△AEF 中∠1+∠6+∠7=180°，在△CEG 中∠3+∠4+∠5=180°，

∴∠1+∠3+∠4+∠5+∠6+∠7=360°，

∵ AB∥CD，

∴∠6+∠4=180°，

∵∠2+∠5+∠7=180°，

∴∠2+∠4+∠5+∠6+∠7=360°，

∴∠AEC=∠BAE+∠DCE。

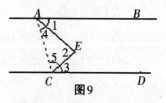

图9

解法九：

如图11，作直线 MN，交 AB 于 M，交 CD 于 N.

则∠2+∠4+∠5+∠6+∠7=540°，

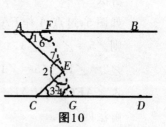

图10

∵ AB∥CD，

∴∠6+∠7=180°，

∴∠2+∠4+∠5=360°，

∵∠1+∠4+∠3+∠5=180°+180°=360°。

∴∠2=∠1+∠3。

∴∠AEC=∠BAE+∠DCE。

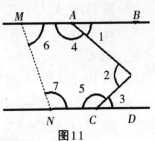

图11

总之，凡是遇到有关平行线的问题，其关键就

是找截线。这样才能利用平行线的性质定理或判定定理来解题，当没有截

线的时候，应考虑作辅助线。

情形二：当动点 E 落在第②、③部分时，试探究：∠EAB，∠AEC，

∠DCE 三个角之间的数量关系，并说明理由。

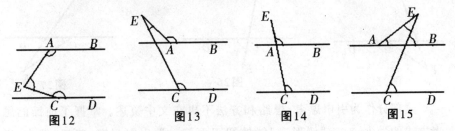

图12 图13 图14 图15

提示：可能所做的辅助线如下：

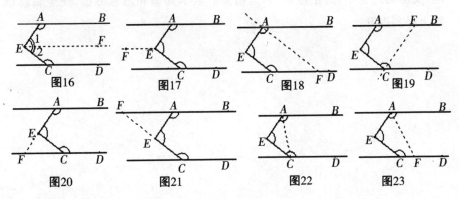

图16 图17 图18 图19

图20 图21 图22 图23

答案：

图12. ∠AEC+∠BAE+∠DCE=360°。

图13. ∠AEC=∠BAE−∠DCE。

图 14. $\angle AEC=0°$,

或 $\angle BAE = \angle CAE + \angle DCE$ 或 $\angle BAE = \angle DCE$。

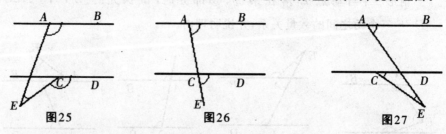

图24

图 15. $\angle AEC=\angle DCE-\angle BAE$。

图 16. $\angle AEC=\angle DCE-\angle BAE$。

图 17. $\angle AEC=0°$,

或 $\angle BAE=\angle CAE+\angle DCE$ 或 $\angle BAE=\angle DCE$。

图 18. $\angle AEC=\angle BAE-\angle DCE$。

情形三:直线 $AB\parallel CD$,AE、CE 相交于点 E。当动点 E 落在第④部分时,试探究:$\angle EAB$,$\angle AEC$,$\angle DCE$ 三个角之间的数量关系,并说明理由。

图25

图26

图27

这部分作为引申思考,思路和方法不再在文中赘述。掌握了前面的思考方式的学生,对于"情形三"能够迎刃而解。学生在观察、猜想、探索、说理、交流的过程中,真正理解、掌握相关的数学知识和思想方法,使逻辑思维能力得到提升。

提升数学学习力:学法指导之途径

一个学习力强的人至少具备三大特征:主动学习——愿学、建构学习——会学、反思学习——善思。如何有效促进三大特征的形成呢?可以从学法指导入手,其途径主要有两种:一是开设专门的学法指导课,二是结合平时的教学进行渗透,并贯穿于学习流程的各个阶段。

一、"阅读课本"的学法指导

(1)指导学生进行课前阅读。让学生熟悉所学内容的大体框架,发现疑点、难点,带着问题到课上学习。

(2)指导学生进行课中阅读。学生对关键的字、词、句,特别是相关的定理、性质和重要结论要"咬文嚼字"仔细推敲,达到理解、掌握的目的。

(3)指导学生进行课后阅读。引导学生读当天所学内容,逐一落实课前阅读发现的疑点和难点,一个单元或一个章节的内容学完后借助课本系统复习,弄清知识间的内在联系,进行自我建构,形成网络图表,以便掌握。

二、"自主探究"的学法指导

学习游泳只靠听理论而不下水实践是永远都学不会的,所以在学习过程中,要让学生经历自主学习的过程,要教会他们如何自主探究。但这种自主探究并非放羊式,需要教师科学规划,提前设立学习纲要,让学生有章可循。一个好的学习提纲要做到有合适的空间、较强的思考性、可操作性以及清晰的逻辑体系。比如我们可以设计这样通用的提纲,在此基础上对于重点问题再去设计:①你从本节课收获了什么?②学习本节课要用到以前所学的哪些相关知识?③如何利用已学的知识探究新的知识?④独立探究时,你在哪里遇到了困难？⑤你是如何克服困难的？⑥哪些是你不能独立解决的困难？

三、"合作交流"学法指导

小组合作交流的目的是让学生都有更多的参与学习的机会,但应避免总是优生一言堂,或者仅仅停留在兵教兵的浅层次合作上。指导学生交流的方法和培养学生交流的习惯是必不可少的:①交流前要独立深度思考;②交流时要踊跃但有序发言;③交流时要善于表达;④交流时要懂得认真倾听;⑤要学会在认知盲点上向同伴求救;⑥要学会交流后深刻反思;⑦要学会与组员相互配合等等。这些需要用较长时间去培养和训练,直到学生运用自如。

四、"质疑发问"学法指导

首先,指导学生如何寻找"质疑点"。一般在这样几个环节中寻找:①新旧知识的衔接处;②学习过程的困惑处;③法则规律的归纳和分类处;④知识的形成处。

其次,指导学生如何寻找"发问点"。除在质疑点处发问,还可以选择从以下环节中:①本节课研究的主题中;②探究知识的来龙去脉时;③变式训练时的思想和方法发散处。

五、"自我反思"学法指导

唯有"自我反思",才将有助于所学内容内化成自己的思想和方法,并且,反思要贯穿于整个学习的始终。对于自学的反思,要注意以下几点:①学习前的"自我规划":学什么,怎么学,达到什么目标;②学习中的"自我监控":是否按计划有序地进行,并根据实际进行自我调节;③学习后的"自我反思"。做好课堂简要摘记,为反思提供依据。要反思探究新知过程中使用的思想方法,提炼学习过程中采用过的策略获得的后续同类知识学习中的迁移等。

六、"应用知识"学法指导

首先,进行"巩固型应用"学法指导。该阶段学生主要和"习题"打交道,因此教师要围绕教学重点精心设计、精选题目,指导学生与"习题"充分展开对话性思维,在"对话"中加深对所学知识的理解和应用,以及对求异思维的培养。其次,进行"实践性应用"学法指导。主要是指导学生如何将所学知识与生活联系起来,从生活中来,到生活中去,从而做到生活数学化,数学生活化。

七、"复习整理"学法指导

这一阶段主要帮助学生将零散的知识和方法系统化,形成结构,归类、建立关联。

比如,归纳本节课的知识结构框架。在此基础上,添加与之前所学知识的关联。归纳本节课解决问题的方法,从更多角度寻求同类问题的不同方法。向组内成员展示自主整理的成果,并在此过程中,将知识、方法、思想内化于心。

学法指导,可以帮助学生用科学有效的方式提升学习力,懂得什么时间做什么,该怎样去做。学习的方法永远比学多少知识重要。将学习的方法渗透于日常的教学,更加促进学生学习力的提升。

提升数学学习力:学力评价之途径

对学生数学学习的评价,既要关注学业评价,更要重视学力评价,只有让学力评价落地并凸显,才能树立一种导向,使教师和学生都努力追求学习力的提升。

一、学习动力的评价

对学习动力的评价,主要考察学生的主动参与意识。对学生参与意识的评价主要通过观察学生的学习过程和分析学生的学习结果来进行,这其中包括进入学习状态的快慢,独立学习的投入程度,与同学合作的能力,主动发言与认真倾听的积极性,参与练习的认真程度和质量,自我总结与反思的意识等。对参与情况的评价要纳入学生评价的总成绩中去。

评价维度:主动参与意识,主要通过观察学生的学习过程和分析学生的学习结果来进行。比如:进入学习状态的快慢,独立学习的投入程度,与同学合作的情况,认真听课的程度,主动发言与认真倾听的积极性,参与练习的认真程度和质量,自我总结与反思的主动意识等。对参与情况的评价要纳入学生评价的总成绩中去。

二、学习毅力的评价

解决数学问题须经历复杂的心理过程,是一种艰苦的认识活动。基于学习力提升的主体建构学习要长久有效地发生,离不开顽强的学习毅力。学习毅力主要是指一个人从学习目标的制定,到学习过程的调控,都能坚持不懈地攻克难关,从而达到完成学习任务的目的。

评价维度:①目标的制定;②达成目标过程中的自觉性;③达成目标过程中的果断性;④达成目标过程中的自制性;⑤达成目标过程中的坚持性。要以描述和等级定性的方式记载并计入评价总分。

三、学习能力的评价

考查学生是否会学习与反思对学生学习能力的评价。一方面,可以针对一些具体的数学学习过程和方法单独地进行测量和观察;另一方面,可在考试题目中增加考查学生学习能力的试题。

（1）发现问题能力的评价。创造条件让学生去发现问题和提出问题。对学生提出的问题,一方面要给予即时评价。如"你提的问题很有价值""你这问题提得好""你这问题很值得研究""你这问题很有新意"等;另一方面,要将学生的提问表现进行记录,期末纳入评价总分中去。

（2）独立探索能力的评价。要从学生独立学习的过程表现与学习效果去考查。比如:能否独立进行预习、看书、尝试做题、操作学具、独立思考、初步归纳总结等,能否有效迁移已有的学习方法进行新知学习,能否独立进行知识应用与复习整理等。

（3）合作交流能力的评价。侧重对合作精神与交流能力的评价。评价维度:①踊跃发言的情况;②认真倾听的情况;③主动参与讨论的情况;④是否会求助或帮助别人;⑤能否和同学互相配合。评价时,除了要评价小组中的个人表现外,还要对整个小组的团队合作过程和效果进行评价。

（4）反思监控能力的评价。评价维度:①能否提出恰当的学习目标和步骤;②能否明确自己为什么要学,要学习哪些内容,自己要达到哪一个层次的目标;③能否实施有序的学习进程和方法;④在实施计划的过程中,能否按照步骤有序地进行,具有自我监控和调节的能力;⑤能否评价完整的学习过程和结果。

考查学生能否对自己的学习结果做出判断,能否反思自己的整个学习过程:我学会了哪些知识? 在学习时,我是怎样解决问题的? 在解题中有没有什么遗漏和错误? 怎样才能避免? 在今后的学习中怎样做才能学得更好? 以此提高认知的正确率,并为以后学习同类知识提供借鉴。

总之,提升学生的数学学习力不是一朝一夕的事,它需要我们围绕上述三个方面,着眼未来,既着眼于"双基"的落实,更注重学生可持续发展能力的培养,为后续学习与职业发展奠定学力基础。

提升数学学习力：提升班级数学的学习力

分形理论是当今世界十分活跃的新的理论，研究的是不规则几何形态的几何学，分形的特点在于整体与部分的相似性、蝴蝶效应、维度的连续性等。它对我们认识的启示在于，通过认识部分结构来认识整体结构，通过认识有序来认识无序，通过认识有限来认识无限，通过认识简单来认识复杂。

分形理论给教育的启示是，通过认识个体的发展规律来认识群体的发展规律，打造学习团队；由重视培养个体到培养个体与培养群体并重；在培育群体的同时，促进个体的成长。对数学学科教学而言，我们可以通过对班级整体学习力的培养，达到提升班集体的整体思维水平，促进个体思维水平提高的目的，具体有以下方式。

一、建立班级学习的规章制度

提升班级整体数学学习力，就要建立符合数学学科特点的班级学习规章制度，制度可以涵盖学习习惯，课堂准则，目标制定与达成，自主探究、合作交流学习准则，疑难困惑的解决方案，各项评比规定（涉及学习形式、学习成果的评比、展示）等。要指导学生通过制度建立一套行之有效的方法，努力使学生达到自觉高效的学习状态，并形成氛围。

二、培养班级学习组织者

学习组织者可以带着自身所在的小组，利用自己的优势提高本组的数学学习能力：①他能起到捕捉搜集学生的学习难点、学习需求等信息，及时组织同学交流研讨，将组内成员的学习现状及时反馈给教师的作用；②他是教师与同学之间的桥梁，在学习过程中，组间成员可以利用自己擅长的思维方式来解决问题,然后分享各种不同的思考角度和解决方案。

例如,在九年级复习函数时有一题:

某家庭装修房屋由甲乙两个装修公司合作完成,先由甲装修公司单独装修 3 天,剩下的工作由甲乙两个装修公司合作完成。工程进度满足如图所示的函数关系,该家庭共支付工资 8000 元。

(1)完成此房屋装修共需多少天?

(2)若按完成工作量的多少支付工资,甲装修公司应得多少元?

(1)逻辑思维类的学生是这样推理的:由正比例函数图像可知,甲的工作效率是 $\frac{1}{12}$,乙的工作效率是 $\frac{1}{8} - \frac{1}{12} = \frac{1}{24}$,甲乙合作的天数是 $\frac{3}{4} \div (\frac{1}{12} + \frac{1}{24}) = 6$,因为甲先工作了 3 天,所以完成此房屋装修共需 9 天。

(2)形象思维类的学生是这样推理的:设一次函数的解析式(合作部分)是 $y = kx + b (k \neq 0, k, b$ 为常数)。因为 $(3, \frac{1}{4})$,$(5, \frac{1}{2})$ 在图像上,所以

$$\begin{cases} \frac{1}{4} = 3k + b \\ \frac{1}{2} = 5k + b \end{cases} \quad 解得 \quad \begin{cases} k = \frac{1}{8} \\ b = -\frac{1}{8} \end{cases}$$

即一次函数的表达式为 $y = \frac{1}{8}x - \frac{1}{8}$。当 $y = 1$ 时 $\frac{1}{8}x - \frac{1}{8} = 1$,解得 $x = 9$,故完成此房屋装修共需 9 天。

由正比例函数图像可知,甲的工作效率:甲 9 天完成工作量是 $9 \times \frac{1}{12} = \frac{3}{4}$,所以甲得到的工资是 $\frac{3}{4} \times 8000 = 6000$(元)。

一类是用公式推导,一类是用图形入手,在不同的思维层面,得到了不同的推理过程,让每位学生选择自己能够理解的推导过程来接受知识。

三、加强语文学科的学习

提升数学班级整体学习力，还要加强语文学科的学习，这不是旁逸斜出。一项来自权威辅导机构的调查显示：所有数学不好却能在短期内提高成绩的学生，都有一个共同点，就是具备优异的语文能力，尤其是能够按照清楚的条理构建文章，或是能够将别人的话转换成自己的方式，具有较强文字解读能力的人。所以得语文者方能得数学。

依据分形理论，加强对班级数学整体学习力的培养，能够促使教师对学生个体数学学习能力的深层次的认识与理解，从而有力推动数学的学习。

提升数学学习力:教学策略

学法指导与教学策略虽然实施者都是教师,但采用的两种完全不同的方式。学法指导是指教育者在一定的条件下,通过一定的途径,采取一定的方式对学习者进行学习方法的传授、渗透、指导、训练,使学习者掌握科学的学习方法并能动地运用于自己的学习实践,进而形成自主学习能力的教育行为。教学策略则是指以一定的教育思想为指导,在特定的教学情境中,为实现教学目标而制定,并在实施过程中不断调适、优化,以使教学效果趋于最佳的系统决策与设计。教学策略运用得当,能够有效地提升学生的学习力。

一、在知识内容上加强整体设计

"新基础教育"主张从整体到部分再到整体的教学,就是引导学生先初步整体感悟知识的类型和结构,然后在整体框架中学习各个部分的知识,最后引导学生从知识整体框架出发对各部分知识进行主动地整理和内在联系的沟通,使学生能够综合地整体把握知识的各种类型或方法,实现对知识个性化和创生性占有。

以"整式加减法的教学"为例:先引导学生初步整体感悟整式加减的各种类型,由于整式可以分为单项式和多项式两大类,所以整式加减的类型构成以下四种情况:单项式±单项式,单项式±多项式,多项式±单项式,多项式±多项式。这里需要强调的是,由于学生还没有学习整式加减的法则,也没有运用法则检验交换律,结合律和分配律还不能直接在整式加减中进行运用,所以"单项式±多项式"的情况还不能等同于"多项式±单项式",在整体感悟四种情况存在的基础上,自然是先学习其中最简单的"单项式±单项式"的情况。然后教师引导学生运用不完全归纳的方法提炼出整式加减的法则,然后运用法则验证交换律、结合律和分配律在整式范围内成立,接着再学习整体中其他各个部分知识,然后在对整体中的各个部分知识进行整理和沟通。学生掌握了整式加减的知识结构和学习方法结构之后,可以主动将这种方法结构迁移到整式乘法和除法的学习之中。

如《反比例函数》第一课,教学时首先从函数概念出发,列举生活中不同类型的函数关系,然后引导学生分类,把上述函数关系分成已经学过的一次函数、即将学习的反比例函数和以后要学的二次函数,在此基础上引入反比例函数概念。这种以"知识背景—知识形成—揭示联系"为线索,来呈现学习活动材料,更能帮助学生了解反比例函数在函数中的位置,进一步理解函数的本质,明确与正比例函数的异同,有助于学生形成知识结构。

从宏观到微观,从整体背景到局部知识,再到整体,从数学知识发展的逻辑必然性提出问题,则更能增强学生学习的主动性。

二、在探究方法上体现"教结构""用结构",提高学生掌握学习的方法结构

"新基础教育"提倡"长程两段"的教学策略,就是将每一结构单元的教学分为"教学结构"阶段和"运用结构"阶段。在"教学结构"阶段,主要采用发现的方式,让学生从现实的问题出发,在问题的解决过程中发现和建构知识,充分感悟和体验知识之间内在关联的结构存在,逐渐形成学习的方法结构。为了让学生充分把握学习的方法结构,这一阶段的教学速度可以适度放慢。在运用结构阶段,吴亚萍在《中小学数学课型研究》里指出,"长程两段"的教学策略主要有三种类型:体现知识整体的框架性结构的教学、知识形成的过程性结构、学生学习的方法性结构。以第三种类型为例,等腰三角形的性质、平行四边形(包括长方形、正方形、菱形和等腰梯形)的性质、直角三角形的性质虽然各自不同,而且都是那么独特,但是透过这些表面的不同,可以发现几乎所有的图形性质都是源于图形边的数量关系和未知关系,及图形的对称性等方面的研究,学生利用这种类方法性结构,就可以主动地参与到其他同类知识的学习过程中。"长程两段"的教学策略根据教学实践单位可以分为以下两种情况:一种是一个教学单元或一个教学长段内的"教结构"与"用结构",另一种是一节课内的"教结构"与"用结构"。

三、在知识发生上,重视过程的教学

重视知识发生的过程教学就应重视以下两个方面。

(一)常规积累,引发知识的发生过程

根据已学知识,结合自己的经验与想象,进行新知识或新方法的创造,这是学习力培养的最有价值的内容之一,是学习力体现的最高境界。数学学科原有知识的积累是影响学生数学学习力的重要因素。若原有知识积累相对较少,会直接影响后续的学习。因此温习与新知内容相关的基础知识,是对学生原有知识基础的检查,是对相关知识的唤醒,是课堂教学的有效引导,是系统建构知识的有效手段,是学习效率提高的科学方法。

(二)问题链接,还原知识的发生过程

数学定理的教学包括两个方面,即定理知识的认识教学和运用教学。对新知识,如果仅仅停留在引导学生用数学结论解决数学问题层面,长此以往,就会弱化学生发现知识、创新知识的能力。这种方式看似是教师在引导,实质上是在灌输。我看到过一个对此比喻得很巧妙的例子——教孩子吃瓜。看到西瓜,问:"这个瓜怎么吃?"然后进一步启发孩子打开它,告诉他里面的瓜瓤好吃。但是如果下次没有别人的告知,拿到西瓜,孩子会不会直接打开只吃瓜瓤呢?如果先让孩子辨别一下这个水果与吃过的水果的区别,让孩子不仅找到吃的方法,而且学会选方法,才能真正提高孩子的生活能力。引导学生先发现知识,再证明知识、应用知识,才能激发学生的好奇心,更好地培养学生的创新能力。

比如,在探索"三角形外角和"时,我们在学生理解外角概念的基础上类比内角和,引导学生提出外角和大小问题的研究方向,然后由学生分组研究讨论三角形外角和大小的规律和证明方法。这样要比直接让学生证明三角形外角和为多少度有价值。这才是提升学生学习力的更有效方式。当然,重视知识的发生过程并非无节制地夸大知识发生过程的教学作用,而应对以往相对弱化的知识的发生过程教学进行矫正。重视知识发生过程的教学是提升学生学习力的重要环节。

四、在知识技能的训练上,重视重复与提升

（一）简单重复训练

关注练习的数量，对于训练学生的基本技能（如数、式的计算，解方程、不等式，使用直尺、圆规作图等动手能力）是有效的。在保证学生对数学知识的真正理解和深刻把握上，做好对特殊和单一题型的重复有效训练，是一种提高学习质量的行之有效的学习策略。

（二）变式练习提升

通过改变问题情境、条件、结论或条件结论互逆等，通过解题方法上的求异，突出练习中"变"的因素，实现更深层次的思维训练，是一种积极的重复，一种提高学习质量的行之有效的学习策略。

例如：已知二次函数的图像经过 $A(-3,0)$，$B(1,0)$，$C(0,-3)$ 三点，求这个二次函数的解析式。从例题出发，我们组织变式训练。

变式 1：已知二次函数的图像经过一次函数 $y=-x-3$ 的图像与 x 轴，y 轴的交点 A，C，并且经过点 $B(1,0)$，求这个二次函数的解析式。

变式 2：已知抛物线经过两点 $B(1,0)$，$C(0,-3)$，且对称轴是直线 $x=-1$，求这条抛物线的解析式。

变式 3：已知一次函数的图像经过点 $(1,0)$，且在 y 轴上的截距是 -1，它与二次函数的图像相交于 $A(1,m)$，$B(n,4)$ 两点，又知二次函数的对称轴是直线 $x=2$，求这两个函数的解析式。

对变式 1，先让学生比较它与例题的已知条件有什么不同，再思考怎样转化为例题求解，之后讨论怎样求 A，C 两点的坐标。对变式 2，引导学生抓住"对称轴是直线 $x=-1$"，利用对称性，求点 A 的坐标。对变式 3，要善于应用"化整为零、各个击破"的思想方法把一个综合题分解为几个简单问题来解决，逐步引导学生把变式 3 分解为三个简单问题：①求一次函数的解析式；②求 m，n 的值并画出草图分析；③求二次函数的解析式（转化为变式 2）。

学生学习有动力、毅力，还要有方向和方法，这就需要教师在学生已有的个体经验、已掌握的知识和已具备的实践应用水平的基础上，运用有效的教学策略，进一步引领、启发到位。因此，教学策略是助力学生学习力提升的重要保障。

深度学习与简单学习的对照

在日常学习中,相当多的学习是简单学习。简单学习除了机械记忆以外不需要付出太多努力。它在课堂中作为每日学习的基础必不可少。深度学习往往体现在学习者高水平的思维上,其实质是结构性和非结构性知识意义的建构过程,也是复杂信息加工过程,需对已激活的先前知识和所获得的新知识进行有效和精细的深度加工。

引导学生深度学习,要明确深度学习与简单学习的定义及区别:分别从定义、例子、相近词、正、反、教育背景中的必要条件做比较。

一、定义

简单学习:没有经验的学习者可以一次学会的学问;知识和反应,不需要反馈或纠错;可以在一起活动中学会,很少有或者没有歧义。

深度学习:新内容或技能的获得必须经过一步以上的学习和多水平的分析或加工,以使学生拥有可以改变思想、控制力或行为的方式来应用这些内容或技能。

二、举例说明

简单学习:记住重要历史年代、乘法表、词联想或字母表;学习一组词汇及其明确定义;记住人名、电话号码、单一路线或活动。

深度学习:阅读、多学科性思维、设计解决方案;创造目标和策略去实现那些目标,如何谈判、如何建造某物;辩论技巧,研究技能,召集、管理或做学术演讲或工作规划。

三、同义词

简单学习:条件反射,无歧义;单步学习:简短的,片面的,机械的;联想学习:大块掌握的,孤立的,必要的,微步的。

深度学习:高水平思维,综合加工,多层抽象思维,分散思维,创造性思维,批判性思维,大部分的多步习惯,以及一些程序性记忆。

四、正、反

正:

简单学习:它是朴素和牢固的,它与年龄、文化、智商、身世和背景无关,它为精通和背景知识提供准备,它为未来所有学习提供基础,大多与维持生存有关。

深度学习:一生中带给我们最多满足的许多东西来自复杂知识和技能背景,当深度思维首次发生时大脑可能较为活跃,一般而言,会理解、保持、应用得更好。

反:

简单学习:它是表层知识,它是没有经验的学习者或年幼的孩子会接受的类型,它缺乏思维的复杂性,学习可能是费力的,它是不可以争辩的。

深度学习:它可能需要基本的背景知识,它是耗时的,为了掌握它,要投入大量的精力和决心,过程和结果经常受批判性评论或其他观点的影响。

五、教育背景中的必要条件

简单学习:由于它很少满足内驱力,所以需要外部动机。他人可以将之"强加"于学习者,脑中发生趋向较局部的脑活动与较分散的学习。

深度学习:时间、注意力、背景知识、详细而精确的加工程序。与主要发生局部学习的简单学习相比,大脑活动更趋于发散性。

深度学习：学习者的风格特点及教学策略

引导学生深度学习,首先要了解学生的学习风格以及擅长加工信息的方式,然后采用个性化的教学策略。我在《深度学习的 7 种有力策略》((美) Eric Jensen 和 LeAnn Nickelsen (著) 温暖(译))一书中找到了很好的参照。下面,依据各类学习者学习风格的特点、加工信息方式及相应的教学策略来摘录,以供我们在日常的教学中,结合数学的学科特点,来观察、发现、研究和实践。

所谓学习的风格就是了解学生的学习风格,进而能运用这些策略一对一地或在小组中帮助他们。

一、视觉学习者

(一)特点

希望看书和图片(宁愿自己朗读而非听别人读)。

喜欢看有条理的东西——要求整洁的环境。

能够发现别人错过的东西——记得东西常在哪里看见过。

注意细节。

不能记住口述说明——需要用文字写下来。

喜欢解答字谜。

可能专心注视教师的面容。

需要全面的意见和目标。

加工信息的方式:记录、定位、计算、简化、想象、验证、准备、评估、改写、画图、建立网络或思维地图、草草几下、绘制或使用图解式引导。

(二)针对他们的教学策略

在工作表上,用粗线条圈出一些项目,帮助学生一次注意一项或类似的项目。

如果有必要的话,允许学生用手指指示,让学生阅读的同时触摸词语。

让学生有一个干净的桌面。

一次一步。

在黑板上写下说明。

运用匹配游戏(词语及其定义:前缀与词根等)。

使用图、图表、地图——彩色的。

使用荧光笔以帮助明了信息。

使用镜子来查看词语发生时的口形。

采用标有彩色记号的活动挂图来代替黑板;然后当介绍他们以及后面提到它们时,就在教室各处悬挂这些带有关键信息的挂图。

思考地图信息。

当呈现一段信息时站立不动,在各段信息之间走来走去。

分发印有关键语句和课程要点的讲义,留出空白便于做笔记。

使用图标来表示关键概念.

在给出细节之前,现将信息的概况给学生。

二、听觉学习者

(一)特点

容易分心。

说话有韵律风格。

借助倾听来学习,一边阅读一边嚅动嘴唇/说话。

无声和有声地自我对话。

是话匣子。

讲笑话和设法逗乐。

如果以"说—拼—说"的方法教授,他们可以赢得拼字比赛。

是优秀的说书人。

熟悉几首歌的歌词。

时空感觉弱。

很难同时听讲和做笔记。

加工信息的方式：自言自语或大声说、听录音带、与集体或伙伴讨论、录制回答、访谈、教其他人、解释、辩论、创造问题、表白自己。

（二）针对他们的教学策略

允许录制书和所做笔记的录音带。

允许他们大声重复我们所说的东西。

帮助他们自己谈论困难的概念。

使信息变成歌曲或敲击音乐。

在活动中播放乐曲作为背景（不过不是所有活动）。

在陈述中运用嗓音变化。

以考试的方式来讲授，如果以特定顺序或形式来介绍信息，那么以同样的方式来考察这一信息。

利用回答信号，让学生重复关键概念和说明。

每一段教学之后，让学生告诉邻桌他们学到的一样东西。

激发和鼓励学生拿出记忆方法来帮助他们自己记住关键概念。

采用乐曲片段作为常规活动的信号（举例来说，马戏音乐作为清扫的信号）。

减少所有的噪音困扰。

使用少而精的话来给出说明。

如果要重复，请使用相同的话。

对这些孩子说话要直率。

当学生阅读时让他们念出标点符号，以养成对他们功能的关注。

做许多押韵和合成词的游戏。

将他们与视觉学习者配对。

三、动觉/触觉学习者

（一）特点

是运动者——也正是他们的学习方式。

想要触摸和感觉每一样东西。

靠墙排成一队时,他们会搓手。

把手放在门框上,走路时轻拍课桌。

经常写很多东西——通常可能是涂鸦。

能够拆开机械装置然后再把他们装回去。

与许多东西一起玩。

享受用手做手工或其他东西的乐趣。

不笨拙——擅长运动。

可能是做纸飞机的孩子。

站得与人靠近。

阅读时用手指指示。

通过走动和观看来记忆。

需要有形体物体作为学习辅助器。

对探索新环境充满热情。

加工信息的方式:标注和归类、示范、牵拉、图示、模仿或表演短剧、建造、雕刻、创作产品、实验、使用器械来说明、用手指指示、使用小贴纸。

(二)针对他们的教学策略

采用具有内涵内容的短剧、角色扮演。

将信息与动作连接来记住它。

向他们示范如何做。

允许他们坐在地上做作业。

当讲授时使用道具来鼓舞求知欲,并对关键概念加以强调。

创造概念的模拟品来让学生体验。

给予平行协助的,当与学生个别合作时挨着他们坐,而非坐在他们的面前或背后。

让学生按部就班地操作演示概念。

发现让他们活动的方法——运动是每堂课必备的部分。

为劳动/学习时间的结束预备定时器。

在激烈活动后准备静止安定的活动(举例来说,体育课后大声朗读或休息)。

在猴山上教加减法。

让他们随音节或节拍拍手或敲打。

创造群体内符号。

利用器具（棋子、磁性字、硬币等）。

使用砂纸字、毛毡字。

在教室中的物体上贴上文字标签。

深度学习:数学深度学习

布卢姆将认知领域学习目标分为记忆、理解、应用、分析、评价和创造六个层级。浅层学习认知水平较低,一般处于记忆、理解层面;而深度学习要求实现更高的层次,如应用、分析、评价和创造。

数学深度学习是在教师的引领下,学生围绕具有挑战性的学习主题,全身心积极参与,获得发展的有意义的学习过程;它是触及数学知识底部和本质,探查数学知识间相互关系,基于理解之上更多关注分析、评价与创造层面的高阶思维的学习。

数学深度学习有其鲜明的特征:与浅层学习相区别,不是简单的知识记忆而是对学习内容有整体认知;学生能够根据当前学习活动调动以往知识经验,架构自己的知识结构,在学习过程中展开积极的沟通与合作,同时又富含个性化的理解;能够抓住学习内容的关键特征,全面把握数学知识的本质联系,能将学到的知识进行迁移与应用。

首先,深度学习不是数学学习的全部,只是当前浅层学习泛滥,深度学习丰富学生的学习品质。其次,伴随深度学习的应该是深度教学。深度教学不等同于夯实"双基"、拓展知识,而是走进学生情感、思维深处的教学。最后,深度与难度是两个不同的概念。难度是学生完成学习内容的困难程度,而深度是触及知识底部与本质的程度。优秀的课堂一定是有深度的,但不一定是难度大的课堂;反之,难度大的课堂也不一定有深度。

消极控制的课堂多是知识立意。这样的课堂,获取知识是终结目标。在这里,学生只需要记住知识。这是一种最省事的低层次教学。当将课堂定位为发展和完善人的高度的时候,我们才会去深层次思考:能力与方法是不可能教给学生的。它是实践的产物,需要学生在自主探究、亲身体验的过程中获得;情感态度既是手段更是目标,所以课堂需要焕发生命的活力。

数学深度学习首先表现为一种状态,这就是全身心积极投入。情绪和认知是相互关联的,因此在积极支持深度学习的数学课堂中,我们是能够观察到深度学习的身影的——好奇、期许、兴奋、少许的迷惑、少许的遗憾、会心的欢笑等等。他们看起来:注重理解、坚持不懈;听起来:提出疑问,要求更多;感觉上:心态平和、从过程中获得满足。

数学深度学习是会带来身体的疲惫的,因此观察数学深度学习是否发生的视角如下:课堂上全身心积极投入和下课的时候会感到身体少许的疲惫,但对于学习还是一如既往的热切。这种积极情绪是支持深度学习的课堂文化营造的目标。

深度学习：数学深度学习策略

美国新泽西州立大学教学资源中心主任肯·贝恩教授倡导成功的教学即"能够帮助和鼓励学生进行深刻而卓有成效的学习"。他主张从深度学习的角度反思自己的教学，重构课堂实践，探索有效的策略与方法，帮助学生真正实现知识与技能、过程与方法、情感态度和价值观的全面提高，从而实现深度学习，深刻而卓有成效的学习。

如何引导学生在日常的课堂中深度学习？

一、数学深度学习之知识要单元设计

我们日常的数学教学设计都是单课的课时设计，从情境导入，到核心内容推进、到有针对性的训练和开放式的总结，虽然精致，但这也属于碎片化的设计，使得学生只见树木，不见森林，没有整体和全局意识，这种课时设计只是孤立的知识与技能的训练。

事实上，数学深度学习不等同于加大学习难度，也不是只有难度大的学习内容才能开展深度学习。数学深度学习是触及数学本质的学习，面对当前的教育现状不可能大面积进行类似于项目学习的深度学习，而在单元深度理解的基础上整合教学内容开展深度学习是提升课堂教学品质的保障。

单元设计是课时教学的指引，进行教学设计时必须"瞻前顾后"——本节内容与以往的内容有怎样的联系，后面的内容与现在的内容又有何联系。"瞻前"使得当下的课时有切实的生长点，"顾后"使得当下的课时定位更科学，立意更深远。这种在单元设计基础上的课时教学具有开放性，开放的教学才会有深度，生长点是同一领域过往的学习内容，而当下及后续的学习内容在类比中显得清晰合理。这样的学习方能促进学生元认知的发展，学生以学习活动为意识对象,对思维活动进行计划监控与调节,从而形成更高阶的认知能力。

二、深度学习之基础要变式整合

德国教育家赫尔巴特所言:"真正的学习与课程,意味着登山式的挑战"。数学教学不能总是让学生在舒适的山谷中游荡,相反要让学生练习登山、掠过草地与沼泽,获得广阔的视野。任何没有思维含量、没有深度、不能引发学生学习兴趣的学习,都是难以提升学生的学习品质的。我们要通过对所学内容的整合及例题、习题的变式,实现对数学学习内容的深度加工、让其富有挑战性。

例如:在学习乘法公式时,有这样两个例题:

计算$(1)(x-3)(x+3)(x^2+9)$;$(2)(2x+3)^2(2x-3)^2$。

第(1)题,学生利用平方差公式很快能解决,如果就此进入下一题的教学,学生可能就只能停留在基础的肤浅与认知上了。此时如果追问:"3个二项式相乘后变为了1个二项式,如果再添加一个二项式结果依然是二项式,你会添加什么",问题就变为了计算$(x-3)(x+3)(x^2+9)(x^4+81)$。

第(2)题,如果教师直接将问题转化为对幂的乘方的逆用,$(2x+3)^2(2x-3)^2=[(2x+3)(2x-3)]^2$就有些可惜了。如果首先让学生解答,学生可能会呈现两种思考方法:一是按照思维的顺序,分别将完全平方展开,然后相乘;二是按照幂的乘方的逆用进行运算。显然学生在经历第一种方法时,由3项乘以3项变成9项,再合并得到最后的结果3项,费时太多,而且容易在过程中出现错误。第二种方法,底数组成了平方差变成了2项,再平方就可得到答案3项。但是如果只是简单地将两种方法进行难易程度上的比较,得出第一种方法耗时多,第二种方法简单快捷的结论,然后就此转入下个问题的话,就失去了引导学生进行深度思维、深度学习的机会。

这里不妨进一步追问:"比如在第一种解法的过程中,3项乘3项之后变形为$(4x^2+12x+9)(4x^2-12x+9)$后,能否不展开为9项,寻求另外的方式,让问题变得简单?"这样就很自然地把问题就变成了$(a+b+c)(a-b+c)$,需要将"$a+c$"看作整体,再利用平方差公式同样可以做到简算。

$(2+1)(2^2+1)(2^4+1)\cdots\cdots(2^{32}+1)$ 与 $(a+b+c)(a-b+c)$ 在孤立的场合中呈现是技巧性的问题,但是在对学生解答教材例题的变式与解法整合的深度学习过程中,它们就是乘法公式结构特征的深刻认识与数学思想方法的有效提升的必然。

上面这个实例充分说明,"基础"不等于简单、肤浅和重复的机械训练,它是一种必需和奠基,这正是"基础"重要性的体现。数学深度学习之"基础"需要进行变式与整合,利用"不简单"的问题来反衬"基础"的重要性。

三、深度学习之评价要即时进行

即时性评价是引领数学深度学习的重要手段。

在课堂教学评价中,简单的赞扬等浅层的评价犹如对孩子说"你真聪明""你真棒"让他们不知道自己到底好在哪里。对于数学学科,课堂评价需要有数学的味道,要有即时性和引导性,既要反馈学生实际演练的目标达成度,又要引领思维的批判性,还要指明探究深化的方向。

比如,平行四边形判定的学习中,教师提出了一个具有挑战性的问题:求证"一组对边相等,一组对角相等的四边形是平行四边形"。

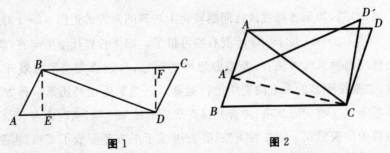

图1   图2

如图1,已知四边形 $ABCD$ 中,$AB=CD$,$\angle A=\angle C$。过点 B 作 $BE\perp AD$,$DF\perp BC$,易证 Rt$\triangle ABE\cong$Rt$\triangle CDF(AAS)$,从而 $BE=DF$,$AE=CF$;进而又可以证明 Rt$\triangle BDE\cong$Rt$\triangle DBF(HL)$,得到 $DE=BF$,从而 $DE+AE=BF+CF$,即 $AD=CB$,又因为 $AB=CD$,所以四边形 $ABCD$ 是平行四边形。

这一证明过程似乎是无懈可击。教师该如何评价这一证明方法呢?不妨这样引导学生深入思考:四边形 $ABCD$ 中,$AB=CD$,$\angle A=\angle C$,$\triangle ABD$ 和 $\triangle CDB$ 具备的条件是"边边角",这两个三角形不可能全等而上述证明中

如果 $AD=CB$，$\triangle ABD$ 和 $\triangle CDB$ 就必然全等，这显然是矛盾的。从而证明四边形 $ABCD$ 为平行四边形的过程也就必然是错误的。问题出在哪里？这样的评价充满了批判性思维，也将学生的思考引入认识几何证明的一般原则的深度。前述的证明方法错误之处在于作图的不完备，也就是题意与所画图的图形不是一一对应的。

"严谨的证明应在没有图形辅助时仍然保持其论证的力量（罗素）。"假如，做出一个四边形 $ABCD$，它满足 $AB=CD$，$\angle A=\angle C$，其中过 B 作 AD 的垂线，垂足 E 不在线段 AD 上（在 DA 的延长线上），依然能够推得 $FC=AE$，$BE=DF$，但显然 $AD\neq BC$ 了。

引领学生深度学习的即时性评价是教师教学智慧的体现，它指明了问题深入探究的方向，也是对学生批判性思维的训练。

问题的探究该如何继续？在教师指明探究方向的情况下，学生发现可以这样处理：如图 2，作平行四边形 $ABCD$，联结 AC，将 $\triangle ACD$ 以点 C 为旋转中心逆时针方向旋转，使 A 恰好落在 AB 边上的 A' 处，此时点 D 旋转至 D' 处。已知四边形 $A'B'C'D'$ 中，$\angle D'=\angle D=\angle B$，$A'D'=AD=BC$，但它显然不会是平行四边形。

深度学习是一种基于理解的学习，以整合的知识为内容，以发展学习者的高阶思维和解决实际问题的能力为目标，以积极主动地、批判性地学习新的知识和思想为主要方式，需要教师持续评价、及时反馈以引导学生深度反思自己的学习状况并及时调整学习策略增加课堂学习的实效性。

深度学习：数学深度教学策略

要实现学生的数学深度学习，必须要有数学的深度教学。数学深度教学不是对知识的浅层教学和机械训练，也不是无限地在知识的数量和难度上增加，要关注人的认知结构与书本的知识结构之间的关系，要基于知识的内在结构和整体特性，引导学生从知识学习走向数学思维和意义系统的理解与掌握，深度教学需要对知识深度加工以促进学生的深度学习。

一、深度教学要追求"结构"

数学知识的学习从来就不是孤立的，一个孤立的知识不可能表达深刻。真正深刻的表达，不应该靠单一知识的深入。从学生对数学知识认识过程的角度，可以发现有些数学知识虽然表面不同，但是在认识这些知识过程中却体现出共同的学习方法。教会学生利用这种类方法性的结构，可以主动参与到其他同类知识的学习过程中。例如：中学数学教学中的等腰三角形的性质、平行四边形（包括长方形、正方形、菱形和等腰梯形）的性质、直角三角形的性质等，这些图形的性质虽然各自不同，但是透过这些表面的不同，可以发现几乎所有的图形性质都是源于图形边的数量关系和位置关系、角的数量关系、特殊线段（角平分线、中线、高、对角线）的数量关系和位置关系，以及图形的对称性等方面的研究。学生利用这种类方法性的结构，就可以主动参与到其他同类知识的学习过程中。

郑毓信教授说过：基础知识不在求全，而在求联。义务教育段的数学课程都能找到相互联系的知识脉络。一方面，可以从知识形成过程中探究联系，即新旧知识的关联；另一方面，在问题解决时寻找方法的深层联系。

二、深度教学要确立高阶目标

按布鲁姆的学生安德森修订的"新版教育目标分类学"划分,认知领域的教育目标有"记忆、理解、应用、分析、评价和创造"。前两个属低阶思维,后四个是高阶思维层次。低阶思维只需要对知识简单记忆、模仿,而高阶思维则是在深度理解基础上进行的迁移应用、分析综合与评价创造。

当教师确立的目标仅仅是让学生能够理解概念时,教师所采用的教学方式就会是通过反复练习让学生记忆并辨析这些概念,课堂所呈现的情形就必定是随堂的乱,教学的效果就是在零散的知识中学习。学生在这种反复机械训练后能正确解题,但不会有高阶思维的体验。

如果教师始终把高阶思维能力的培养作为一条主线,这条主线就会或明或暗地伴随教学的始终,也就一定能够找到实现深度教学的内容和方式。教师可以通过问题的引领看到数学思维的生长点。在处理习题时,也要找准母题,再进行思维的拓展提升。如母题:已知 $A(1, y_1)$,$B(-2, y_2)$,在函数 $y = 4x$ 的图像上,比较 y_1,y_2 的大小。此题可以用代入求值法,可以用图像解题,也可以用正比例函数的性质解题。二阶思维变式:由特殊点到一般情况,点 $A(x_1, y_1)$,$B(x_2, y_2)$ 在函数 $y = kx$ 的图像上,如果 $x_1 > x_2$,比较 y_1,y_2 的大小。三阶思维变式,逆向思维训练,点 $A(x_1, y_1)$,$B(x_2, y_2)$ 在函数 $y = kx$ 的图像上,如果 $x_1 > x_2$,$y_1 < y_2$,求 k 的取值范围。

三、深度教学要与难度切割

深度教学不等同于高难度的教学,它是让学生在学习的过程中,思维得到发散、优化和提升,最终形成有效学习策略的教学。

简单的数学问题,只要具备深刻思考的价值,同样可以进行深度学习。

例如,七年级学生在学习"平行线"的时候,有这样一个问题,如果 $\angle 1 = \angle 2$,那么直线 AB 和 CD 存在怎样的位置关系(图1)?

教师在处理这一问题时,往往通过对顶角相等这一等量代换关系和同位角相等,两直线平行得出结论(如图1),学生的思维也往往停止在这里。显然,教学没能够聚焦解题的思维焦点。

其实,解决这个问题的关注点是如何让已知和未知建立在基于平行判断条件下的有效联系,思维焦点在∠3,∠1 和∠3 是同位角,∠2 和∠3 是对顶角,学生只有找到∠3,思路才能通畅。对于教师来说,如何引导学生从已知条件中寻找出∠3,才是处理这个问题的关键环节。所以,不要认为只有破解难题才是培养学生思维能力的手段,难题往往都是简单问题的积聚叠加。在处理简单问题时,教师如果能够引领学生进行深度思考,外显深度思考力,让学生能够看清自己思维的生长过程,长此以往,学生深度学习的能力就会得到较好的培植。

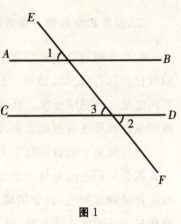

图 1

有一点需要我们明确,数学深度教学是面向全体学生的数学教学,而不是绝大部分人于数学之外的精英教学。数学的深度教学,是以学生已有的知识、能力为基础,以特有的教学方式,在学生已有经验的基础上再进行"滚雪球"式的运作。它是以知识为载体,以思维的生长为首要任务的数学学习。

深度学习:深度教学的假现象

在日常教学中,有些教师盲目地追求自主与合作、交流与展示,问题设计肤浅,使学生的思维一直在低水平徘徊。教师对教学内容也把握不够,不能站在系统的高度去挖掘和引领。我发现有以下几种深度教学的假现象。

一、假探究

学生探而不究,在教师设定好的路径上行走,没有自主的探索和研究,是一种"被探究"。探究的成果不能很好地揭示并内化为学生独有的经验。

以探究成比例线段概念为例讨论。

如图1,设小方格的边长为1,四边形 $ABCD$ 和四边形 $EFGH$ 的顶点都在格点上,那么 AB,AD,EF,EH 的长度分别是多少?分别计算 $\frac{AB}{EF}$,$\frac{AD}{EH}$,$\frac{AB}{AD}$,$\frac{EF}{EH}$ 的值,你发现了什么?

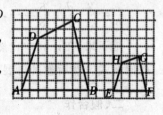

图1

这种教学设计存在的问题是:学生只能机械地按照教师给出的几组线段 $\frac{AB}{EF}$,$\frac{AD}{EH}$,$\frac{AB}{AD}$,$\frac{EF}{EH}$,经过测量后,求它们的比值,发现结论。没有自主的探索和发现,难以积累学生独有的经验。

如果重建此环节,可以这样设计:

(1)请根据线段 a,b,c,d 的长度,写出任意两条线段的比,如图2。

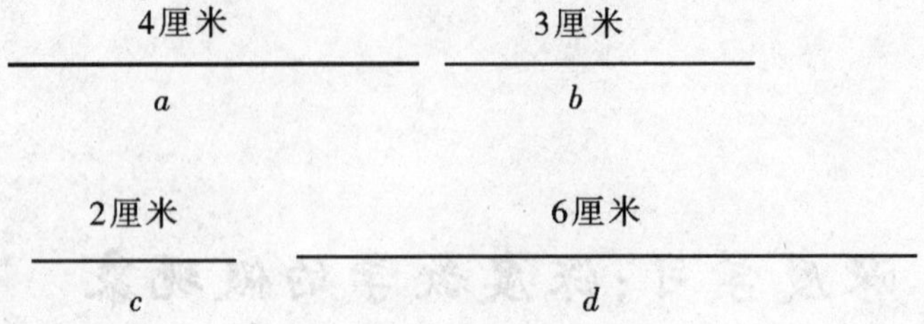

4厘米	3厘米
a	b

2厘米	6厘米
c	d

图 2

(2)在你写的所有比中,有没有比值相等的比呢,如果有,请找出来,并组成比例式。

这样设计的好处是,学生可根据给出的 4 条线段长度任意作比,如下:

$$\frac{a}{b}=\frac{4}{3},\ \frac{a}{c}=\frac{4}{2}=\frac{2}{1},\ \frac{a}{d}=\frac{4}{6}=\frac{2}{3},$$

$$\frac{b}{c}=\frac{3}{2},\ \frac{b}{d}=\frac{3}{6}=\frac{1}{2},\ \frac{c}{d}=\frac{2}{6}=\frac{1}{3},$$

$$\frac{b}{a}=\frac{3}{4},\ \frac{c}{a}=\frac{2}{4}=\frac{1}{2},\ \frac{d}{a}=\frac{6}{4}=\frac{3}{2},$$

$$\frac{c}{b}=\frac{2}{3},\ \frac{d}{b}=\frac{6}{3}=\frac{2}{1},\ \frac{d}{c}=\frac{6}{2}=\frac{3}{1}。$$

接下来,在计算中自然生成线段的比的概念:从中找出比值相等的比组成比例式。然后教师再展示学生写出的线段的比,得出线段的比的概念。

二、假合作

真正的合作需要建立在独立思考之上,"兵教兵"只是一种浅层次的帮扶,一个任务简单拆分成几个环节,每个学生负责一项然后汇总结果,那是割裂学生整体探究的一种假合作。

以锐角三角函数——正切为例,在探究直角三角形中角的度数变化,以及对边与邻边的比值是否变化时,经常会让学生合作探究。即在直角三角形中给出几个特殊的角让学生去计算,然后由组长汇报探究合作的结果。这样的方式,就是简单的、定向的任务拆分,典型的假合作。

若重建此环节,可以这样设计:先确定∠A 的度数为整十度角,同桌合作:利用手中的两组角(6 个),求出∠A 的对边与邻边的比值。由此你们得到了怎样的结论？展示你们的结果。学生测量计算并记录数据填入表格（表1）：

引导学生观察表格，你发现了什么？

(1)横向观察，角确定，比值确定。

(2)纵向观察，角增大，比值增大。

(3)角的大小与比值的大小满足函数关系。

(4)45°为比值分界点。

(5)互余的两个角比值积为1。

表1

∠A	对边比邻边
10°	0.18
20°	0.4
30°	0.6
35°	0.7
40°	0.8
45°	1
50°	1.2
55°	1.4
60°	1.7
70°	2.8
80°	5.7

这样的设计，引导学生在合作中经历大量枚举验证猜想的过程，通过具体的测量计算，感知角确定的情况下，不管直角三角形的大小如何变化，其对边比邻边的值是一个不变的数值。这才是真正意义上的合作。

三、假开放

吴亚萍教授说过："设置开放题并不一定就是开放的思维，它需要开放的教学过程。"开放，有两种畸形，一是开而不放，二是放任自流。

不是通过个别好学生的配合给出正确答案的过程，也不是通过几个学生"拼凑"成完整答案的过程,而是以开放问题为教学载体,使学生经历从模糊到清晰、从错误到正确、从混乱到有序、从零散到完整、从点到面的结果变化和发展过程。

以菱形的计算为例。

菱形 $ABCD$(图3)的边长为 8 厘米,$\angle BAD = 120°$,求 $AC=$ _____,$BD=$ _____。

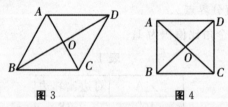

图 3　　　　　　图 4

这道题看似利用菱形的性质进行了相关线段、角及面积等多个纬度的计算,涉及的范围较广,但是,学生只能依据已知条件,思维单一地求出指定相关元素,就是一种虚假的开放。

若重建此环节,可以这样设计,菱形 $ABCD$ 的边长为 8 厘米,$\angle BAD = 120°$,你可以求什么?这样学生就会依据以往的经验,在教师的引导下,从线段、角、周长、面积进行有序分类,建立结构,从而求出各个纬度的相关元素。

还可以继续变式,比如,如果变成正方形(图2),至少需要几个条件就可以求出其他量的值?

学生根据图形特点归纳只需一个条件,一条线段的长度即可。

再比如,给出矩形、菱形一边一角两个条件,求其他量的值。此开放性问题的目的是让每个层次的学生都能按照自己对性质的理解在图形中求值。

总之,开放题要真正地放下去,让每个层次的学生都能根据自己的水平对问题进行探究;当然有放还要有收,教师要及时收集学生中的不同资源,让学生对资源进行再分析和加工最终形成完整的知识结构和方法结构。

四、假衔接

初中学段,前瞻小学,后顾高中,但绝大多数教师无视小学已有的基础,重开锣,另唱戏,探讨得不亦乐乎。其实学生早就知道了,却为了应和教师的教学,一唱一和,呈现出虚假的繁荣。

比如初一《整式及其加减》一章的第一节是《用字母表示数》,其学习目标是进一步理解字母表示数的意义,形成用符号表示数或者数量关系并获得解释一般性结论的意识。这样的设定目标基于的是学生已有的知识,小学学生已经学过用字母表示数,已经了解字母表示数的意义和作用,会用字母表示数、表示常见的数量关系和计算公式,并且能够根据字母所取的值,求含有字母的式子的值。

但教师因为不了解小学的知识结构,设置具有挑战性的问题情景或者有趣的游戏比如摆火柴棒等,让学生在解决问题的过程中必须接触到用字母的情况,或者回忆学生以前学过的许多数学公式,让学生发现公式中出现了字母,进而启发学生需要用字母表示数,一节课假装学生什么也不知道,花大量时间去探究发现学生早就知道的知识。

若重建此环节,可以通过举小学学习字母表示数的例子,帮助学生回忆已有的知识和方法结构,然后节省出时间来,在学生符号观念的形成上下功夫,并且帮助学生进一步提升利用字母表示数来获取数量关系的能力,感受抽象归纳的思想方法。

此外,深度教学的假现象还有诸如关注失衡、练习过度等。一味地追求所谓的高质量,追求配合默契,所以有了"嫌贫爱富"的"掐尖"行为,窄化了多元互动,出现课堂教学的不均衡现象也就不足为怪了。深度课堂不是精英课堂,是全员参与的平民课堂,是教师广泛关注全体学生发展力的课堂。另一种失衡的现象是思维替代,用优秀学生思维代替全体学生思维,教师思维代替学生思维。

再比如《二元一次方程组的应用——行程问题》的常规积累环节,有如下设计:

(1)与路程问题有关的等量关系:＿＿＿＿＿＿＿＿＿＿＿。

(2)甲乙两人相距 30 千米,甲速度为 x 千米/小时,乙速度为 y 千米/小时,若两人同时出发相向而行,经过 3 小时相遇,则甲走的路程为＿＿＿＿千米,乙走的路程为＿＿＿＿千米,两人的路程关系是＿＿＿＿＿＿＿＿。

(3)甲乙两人相距 30 千米,甲速度为 x 千米/小时,乙速度 y 为千米/小时,若两人同时同向出发,甲速度比乙快,经过 3 小时甲追上乙,则甲走的路程为 _____ 千米,乙走的路程为 _____ 千米,两人的路程关系是 _____。

这三个问题都是小学学习过的行程问题,有基本公式,有公式基本应用,学生做完后,教师提问,再总结,感觉课堂探讨得不亦乐乎。其实这几个问题都非常基础,学生早就知道,为了应和教师的教学,一唱一和,整个课堂呈现一片虚假的繁荣。

若重建此环节,可以这样设计设计两个问题:

(1)在行程问题中,三个量存在怎样的等量关系?

(2)行程问题分哪几种类型?请用线段图或式子写下来。

对于问题(1),不同层次学生写得不一样,可能写一个,也有可能写出三种不同形式。全员参与,教师从学生中收集资源展示。

对于问题(2),每个学生对行程问题的类型原有掌握情况不同,画出的线段图或写的式子数量不等,甚至有错误,教师抓住问题资源和好的资源展示于黑板上,再引导学生二次加工,最终形成行程问题的知识结构。

课堂的立意至关重要,立意高远则行之久远,立意低浅则至于脚下。要把学生的成功放在一个更长的时间轴上去考量,任何短视的行为,任何碎片化的教学都是不可取的。

数学之惑——我的数学发现

　　如果一个学生要成为完全合格的、多方面武装的科学家,他在其他发展初期必定来到一座大门,并且必须通过这座大门,这座大门上用每一种人类语言刻着同样的一句话:这里使用数学语言。

——[英国]霍格

为什么学不好数学

研究表明,造成一些学生学习数学感到困难的因素之一是他们的数学阅读能力差,导致理解运用数学语言水平低。而学生的"数学语言"特点及掌握数学术语的水平,是其智力发展和接受能力的重要指标。数学语言发展水平低,直接影响信息的获取、思维的转换慢,从而造成信息接受量少质差,理解问题时常发生困难。

这跟一项来自权威机构的调查结果不谋而合:所有数学不好却能在短期内提高成绩的学生,都有一个共同点,就是具备优异的语文能力,尤其是能够按照清楚的条理构建文章,或是能够将别人的话转换成自己的方式表达的人。由于他们在逻辑思维方面本身已具备最基础的能力,因此能够迅速吸收正确的读书技巧,并能够在短期内提升数学能力。

与其盲目地让学龄前儿童提早学习算数和练习数学计算题,倒不如鼓励孩子多读书、积累丰富的经验,借此培养他们的好奇心,并提升整体的语文能力,能够用自己的语言进行完整的思考分析,不但对将来大有帮助,也是培养数学能力的基础。

还有很多人会认为:数学好的人等同于有才智、有灵感的人。其实这种想法是错误的。在数学家秋山仁教师的著作《爱上数学》当中,关于报考理工大学所需要的能力说了这样四句话:

(1)把自己的鞋子都收拢起来,放到指定的鞋箱子里面。

(2)遇到不明白的字词,要拿出词典查一查。

(3)学会做咖喱饭(不会的话可以照着食谱学)。

(4)绘制一张从家到最近车站的地图。

为什么这样说?因为上述四件事情分别代表了四项基本能力:

（1）掌握了对应概念。能够把左右两只鞋子都放到相应的鞋箱子里面，就说明你掌握了一对一的概念。

（2）能够理清顺序关系。比如"book"这个单词，b 是 26 个英文字母当中第 2 个字母，下一个字母 o 在 n 的后面，在 p 的前面……

（3）能够对事情的步骤进行整理、实行和观察。准备食材，按照步骤烹饪，并且能够对整个烹饪的过程进行观察。

（4）抽象能力的表现。能够绘制从家到车站的地图，说明你能够去除不必要的东西，保留必要的信息，具备了抽象能力。

上述四项基本能力是几乎每个人都具备的，由此可见，除了那些想要成为数学家，并且能够引领数学界未来的天才之外，都不需要特别的数学才能。

为什么学不好数学？基本答案是有的，比如，不懂得数学是讲道理的学问，不会阅读和钻研课本，没有经历数学活动的全过程，没有把坚持自主探索作为基本的学习方式，无法准确清晰地理解并掌握基本概念和法则，这些也是我们在培养学生方面所重点关注的基本要求。

学生有很多种类型，无法一概而论，比如，有的注重思想，但不精细；有的注重细节，但不善总结；有的很敏锐，但不扎实；有的很认真，但不灵活。有的是基础问题，有的是心理问题，有的是认知问题，有的是习惯问题。

唯有依据不同类型，有针对性地扬长避短，方能学好数学。

数学考试怎么又丢分了

每次考完后,听到的最多的唏嘘便是又丢了好多不该丢得分。分析一级又一级学生,大概原因有以下几点。

一、基础知识薄弱

这几乎是所有学生的通病,我们时常认为成绩优异的孩子,就不必担忧他们的基础,而事实上恰恰相反。如果 100 分考了 96,那么十有八九是基础知识出了问题,而其他同学也时常折戟于此,这是学习数学的警示之语。对于有的教师来讲,似乎一节课,大多数时间花在基础的夯实上是件无法彰显其"英雄本色"甚至是丢人的事情。然而,基础不牢,地动山摇,结果他倒是没丢人,但是他的学生却一直丢分。

比如,学生不清楚概念的内涵及外延。如关于等式(含有等号的式子),学生认为 $2 = 3$ 不是等式;再比如,关于方程(含有未知数的等式),学生认为 $x + 2 = x - 2$ 不是方程,因为它没有解;还有关于分式(形如 $\dfrac{A}{B}$,且 B 中含有分母的式子),很多学生误以为 $\dfrac{x + 2}{x + 2}$ 不是分式,因为约分后等于 1,忽视了只要前提是形如 $\dfrac{A}{B}$ 就可以。此类问题不胜枚举。

二、运算能力差

对于初中学生来讲,这个问题是小学遗留问题。只要是小学运算能力一般的学生,初中运算能力通常也会受影响。另外,有不少学生连基本的运算法则规律都记不清。四八三十六的,大有人在。这跟频繁使用计算器的习惯有关。凡是涉及运算,都要使用计算器,导致运算形成依赖,懒得算,算得慢,从而运算能力低下,而考试过程中,在规定的时间内,大多题目需要快速准确运算。

三、应用能力差

这个问题,一是学生没有很好地理解概念、定理法则;另一个很重要的方面是缺乏应用意识,缺少实际的生活经验,缺少亲身感受将实际生活问题概括为数学模型并进行解释和应用的经验,因而看不懂图,读不懂情境,联系不到实际生活中。比如 2016 年淄博市中考题第 6 题:

张教师买了一辆启辰 R50X 汽车,为了掌握车的油耗情况,在连续两次加油时做了如下工作:

(1)把油箱加满油。

(2)记录了两次加油时的累计里程(注:"累计里程"指汽车从出厂开始累计行驶的路程)。以下是张教师连续两次加油时的记录:

表一

加油时间	加油量(升)	加油时的累计里程(千米)
2016 年 4 月 28 日	18	6200
2016 年 5 月 16 日	30	6600

则在这段时间内,该车每 100 千米平均耗油量为(　　)。

A.3 升　　B.5 升　　C.7.5 升　　D.9 升

学生缺少生活经验,没有弄清楚 6600－6200＝400(千米),这 400 千米耗的油是第二次加的 30 升,而不是 30＋18＝48(升),也不是 30－12＝18(升)。

四、不能举一反三

数学的各个知识点之间不是孤立存在的,而是互相联系、互相渗透的,只有抓住了知识间的衔接点,建立起了完整的知识体系,才能把知识学活,在知识的运用上才能灵活多变,应用自如,从而达到触类旁通、举一反三的目的。平时缺少必要的规律教学和变式训练,缺少从不同的方向、不同的角度探索发现解决问题的训练,教师教多少就思考会多少。学生没有培养形成求异思维,没养成多思的习惯,也是另外一个重要的原因。

五、不细致、规范

缺乏细致地审题和规范地解题习惯,这可能和孩子的性格和思维方式有关,也跟起始阶段和日常缺少严格训练有关系。比如:首先,对规范解题意义认识不足,重答案、轻过程;其次,粗心、解题时逻辑不严密导致跳步、缺步现象的出现;再次,没有养成良好的习惯,字迹潦草,步骤凌乱,缺少教师日常教学中的榜样示范,缺少思想方法、解题过程、语言书写规范化的训练。

六、不能正常发挥

有这么一类学生,家长要求过高,过于追求完美,过分在意考试的结果,而本身又不自信,再加上家长的高期待,在考试中过于紧张,只要前面遇上稍难一点的题目,就开始慌,匆匆放过,又遇上新的难题,接连遇上三道,便开始乱了阵脚,大脑一片空白。

七、题目都会,但是没时间

没有认清试卷结构,不能根据试题的难易合理分配时间。与其花很多时间去一一检查选择填空,不如投入多一点时间在后面写几步就能得到与一道选择题或填空题相等分数的大题上。

做题速度起关键作用。平时做题,漫不经心,缺少限时训练,对于会做的题目不能在有限时间内找到最简便快捷的解题方法。平时多放在难题的攻克上,缺少对基础题驾轻技熟的训练。

八、难题不会做

平时写作业训练时,总是挑着会做的做,这样就失去了一次又一次锻炼思维的机会。到了考试时,一是从心理上惧怕,二是能力上不足。另外,难题的解答是建立在学生能灵活运用初中阶段知识点的基础上,知识不能掌握灵活地、举一反三地运用,也是一个很重要的原因。还有,难题多是分别设问,而对前面问题的解决方法及得出的结论对后面问题的解决也是一个很好的启示,不能很好地联系领悟运用,也是难题做不出来的重要因素。

九、低效的勤奋和令人惋惜的聪慧

有一些学生看起来很勤奋,但是每次成绩都不尽如人意,原因有两种:一是资质平平,勤奋却不得法,对所学知识囫囵吞枣;二是天资聪慧,但不善于独立思考,错题不总结。

不善于独立思考的同学,对做过的题不能够大体掌握,达不到练习的效果。他们对教师、对同学、对参考答案有一定的依赖性,在教师讲评过后,不能及时总结、消化吸收,做到举一反三。他们每次练习看似百般努力,实则大多是机械盲目的训练,低效高耗。

所以,如果学生能够在平时的学习中克服以上问题,便能够捞回许多本该属于自己的分数。

题海战术有用吗

　　"题海战术"历来受尽诟病。谈到"题海"，我们会想到"解题"，而"解题"背负着练习的使命；谈到"战术"，我们会想到教师的教学策略，依个人所见，应该辩证地去看待这个问题。

　　先来说一下"题海"。"题海"的本质是练习，关于练习，美国学者丹尼尔·T·威林厄姆《为什么学生不喜欢上学》一书中写道："没有充分的练习，你不可能精通任何脑力活，如果带球的同时还要思考踢球的角度和速度，你不太可能成为一个优秀的足球选手。如果你连乘法口诀都记不清楚，又如何解决更高深的代数问题？像这样的低层次过程必须不假思索，才能给更高层次的过程，提供足够的空间。"可见，练习可以夯实基础、提升技能，为后续学习做铺垫，还可以防止遗忘。从记忆规律来看，努力学习并不能防止遗忘，而真正阻止遗忘的是持续的足够量的练习。练习可以改善迁移，当学生重复练习一种类型的题目，达到一定程度后，就很容易分辨一个类似问题甚至是新问题的内在结构。

　　再来说一下"战术"。"题海战术"作为对学生进行解题训练的一种方法、一种教学策略是有一定优势的，它在某种程度上能够很快提高学生的解题能力，合理运用的话，对学生数学思维的构建也有着积极作用。选择"题海战术"，是为了熟能生巧。但是，只去机械地不加选择地追求"熟"，会阻碍学生的理解，重复地、不得章法地"练"会让学生"生厌"。所以，如何把握题海战术的原则成为关键。如果能够筛选典型好题，注重方法，侧重变式，总结解题规律和技巧，加强限时训练，"题海战术"对提高学生的能力还是有一定积极作用的。

　　"题海战术"需要注意什么呢？一要注重方法。解题训练的一个根本目的就是让学生学习到一种方法,掌握到一定的技巧,学会如何将整个解题过程用正确而规范的格式进行表述。因此,在解题训练时,应注重方法,让学生通过一般但又具代表性的题海把握到精髓。

如姚建强教师在《初中数学教学中题海战术的质疑与思考》一文中曾举过这样的实例:在进行去括号的习题练习时,可以通过两种题型来进行训练:①$a-(b-c)$,②$5a-3(b-c)$。第①题可以让学生了解去括号应遵循的法则,而做第②题时学生可以运用多种方法,比如用法则,将其变式为 $5a-(3b-3c)$,或者用运算律方法计算得出 $5a-3(b-c)=5a+(-3)(b-c)=5a+(-3)b+(-3)(-c)=5a-3b+3c$。然后学生再将从题②所得到的启发运用于题①中,使得学生不再拘泥于去括号法则的一种方法,而是学会了多种方法的相互交替与转换。

二要侧重变式。可以通过"一题多变"的形式,对题目中的方法、结论或者是条件进行变通,并且总结解题规律和技巧,为学生的思维提供一个更广阔的空间。如在学习一次函数后,可以将类似于"一次函数自变量为 x,函数值为 y,已知 $x=6$ 时 $y=9$,$x=3$ 时 $y=-2$,求该函数解析式"的题目变式为多种题型。如①一次函数图像经过点$(6,9)$和$(3,-2)$,求该函数解析式;②一条直线平行于"$y=2x-6$",且经过点$(3,-2)$,求该函数解析式。以上变式中包含了一次函数解析式的两种不同方法,通过变式训练,学生加深了对原始题型以及变化后的题型及方法的认识和掌握,在不同条件、不同方法的训练中,数学思维变得更加灵活。

总之,如果把"题海战术"的初衷与数学学科"理解为主、练习为辅"的特点相契合,则无疑是效果最快且最好的一种方法。但是,完全为了应试搞题海战术,甚至借题海战术来掩饰自己在教学方面的欠缺,使得训练的目标发生了偏离,就不是我们所应当坚守的了。所以,理性面对"题海战术",不一味批判或者是排斥,而是对一种训练方法的重新认识和思考才是我们应当面对的。

"题海"是客观存在,我们应研究对付"题海"的战术。

讲过 N 遍, 还是不会做

在数学教学中, 恐怕教师们说得最多的一句话就是, 这道题我讲过 N 遍了, 怎么还不会做? 我想这个问题, 我们应该把聚焦点放在"讲"上, 而不是一味地抱怨学生不会。

教师是怎样讲的? 我们的"N 遍"到底讲了什么? 是能让学生"会"的讲法, 还是把他们引向"似是而非""盲点遍地"的讲法?

比如我们在教授应用题的时候, 例1:学校迎接阳光体育节, 准备购买羽毛球器材, 甲、乙两家商店出售同样品牌的羽毛球和球拍, 拍子每副定价20元, 羽毛球每盒5元, 经过协商, 甲店:每买一副球拍赠一盒羽毛球;乙店:按定价的九折优惠。该班需要购买球拍4副, 羽毛球若干盒(不少于4盒), 你若是负责人, 你觉得到哪家商店买合算?

教师将题目展示在屏幕上, 请一位学生阅读题目后, 进行如下引领:

教师:若购买 x 盒羽毛球, 再甲店实际只需要购买多少盒?

学生1:$(x-4)$ 盒。

教师:省了多少钱?

学生2:20。

教师:很好, 那么在甲店购买4副球拍, x 盒羽毛球一共需要多少钱?

学生3(沉思片刻):$[5(x-4)+20\times4]$ 元。

此时许多学生陷入茫然。

教师(追问):在乙店购买4副球拍, x 盒羽毛球一共需要多少钱?

学生4:$0.9(5x+20\times4)$ 元

教师:为了说明在哪家商店购买合算, 先看看卖多少盒羽毛球时, 两家商店是一样的。

随机列出方程：$5(x-4)+20\times4=0.9(5x+20\times4)$

虽然学生在教师的层层设问中，最终列出了方程，但教师为什么提出这些问题？问题的源头在哪里，学生是不明白的。学生在还没有理解题目的完整的题意的情况下，就在被一个个碎小的问题，牵着走下去了。最终的结果是，思考都在教师那里，教师自己理解了，但学生始终是雾里看花。教师看似有条不紊，步步深入的引导，实际上是剥夺了学生自主思考的时间。对于应用题，尤其信息量大，关系复杂的情况下，我们应当让学生仔细研读，能够看懂并且流畅阐述问题的同时，自己理清并建立题目中的各种关系，这里对学生的阅读理解能力和分析解决问题的能力都是一种很好的锻炼，而解此类题这两种能力也是必不可少的。

对于初步接触一元一次方程应用的学生来说，这道题目信息量大，关系复杂，问题出示后，教师应该让学生仔细研读，自主理清题目中的各种关系，指导学生能够流畅阐述问题的内容，这样学生才能有可能分析出解题思路，从而提高学生阅读理解和分析解决问题的能力。

这也让我们反思：大容量、快节奏的课堂让我们失去了给学生足够的时间去理解题目、自主思考和总结反思。课时有限，多、快、好、省的方式并没有让教学变得高效。而因为思维和基础的差异，使得许多学生因为跟不上课堂的节奏，而失去对数学的兴趣。

同时，我们的教学过程没有触动到学生的心灵，我们的讲没有让学生参与到解题思维的过程中去，没有帮助学生增加基本的活动体验和形成基本的数学思想和能力，这是讲了 N 遍还是不会的根源。

一看就会，一听就懂，一做就错

在日常的教学中，我们遇到最多的一种现象就是，很多学生课前一看就会，课上一听就懂，但之后一做就错；感觉会做了，但过几天又不会做了。对这些现象，我在武汉市教科院数学教研员裴光亚《答青年教师问》中找到了最好的解释。

"一看就会，一听就懂"充其量也就是理解了，而做则是应用。了解、理解、掌握、灵活应用所属不同的层次，在《数学新课程标准》中都有明确的界定。一般说来，只有达到了低一层次的目标，才可能实现高一层次的目标。但达到了低一层次的目标是不是就一定能实现高一层次的目标呢？这中间还是有差距的。因此，我们还需要给学生运用的机会，运用那些所谓"会了""懂了"的知识来解决问题，这个机会就包括"探视"和"出错"。"一做就错"，在一定情况下可以说是正常的。

"一看就会"，这里的"会"可能只是一种感觉，"一听就懂"，这里的"懂"可能只是一种认同，而"做"却是实实在在的熟练。感觉和认同不会自动导致熟练。"解题是一种实践性技能，就像游泳、滑雪或弹钢琴一样，只能通过模仿和实践来学到它。"这是著名数学教育家波利亚给我们的忠告。

有些题，学生当堂会做了，过几天又不会做了，怎么办？当堂会做，过几天又不会做，这是一种正常情况。人会遗忘，遗忘是一种心理规律，一种知识或者技能通常都会遗忘，除非它已升华成了思想和精神，或者获得的过程伴随着难以忘怀的故事，或者它总在重复。

你想让学生保持记忆吗？可以考虑做好三件事：①设法把知识和技能转化为能力和思想，这就要设置一些情景，让学生去探索，最后选择这些知识和技能去解决。②讲授数学要尽可能触及学生的心灵，使他们感悟到知识的美妙,知识的力量,或者展示知识的历史背景,让知识伴随故事生成。③对一些知识和技能,要注意有计划的重复,德国心理学家艾宾浩斯认为"保持和遗忘是时间的函数",他根据实验结果绘成描述遗忘进程的曲线,即著名的艾宾浩斯记忆遗忘曲线,他的理论会对我们有所启示。

运算涉及算理和法则,算理清楚了,法则掌握了,但还可能发生错误,因为运算,特别是基本运算,它是一个熟练化的过程,甚至是条件反射的过程,这样的能力只有在足够的训练下才能生成。

裴教师对上述现象的解读,为我们在日常教学中发现的这些问题找到了解决的方法。所以,看透本质,遵循教育教学规律,是我们教学的风向标。于是,我在教学中,特别注意了以下几个方面:

(1)让学生从"看会""听懂"达到真正的理解、掌握。比如概念教学中,重视概念的引入、形成、理解、表达及运用。

(2)课上舍得花时间给学生试错的机会,在试错纠偏过程中,形成能力,实现一做就对。

(3)明晰算理、掌握法则、并设置足够量的训练,帮助学生在模仿和实践中达到熟练准确。

(4)重视情境、知识背景,重视去情境后的数学本质的挖掘,以把知识和技能转化成能力和思想作为目标。

(5)依据遗忘规律,按所学内容,定期按计划地重复。比如每周的周末作业就是一周所学内容的巩固和训练。

95分和100分的差距在哪里

如果用100分作为满分的标准,那么考95分应该是一个不错的成绩。但是如果要求更高一些,仔细分析的话,这5分,扣在了哪里?原因大概有两种,一是不会,二是粗心。对于前者,可能父母和教师会更关注和在意,为什么还不会呢?真是件麻烦事。而对于后者,即粗心,比如写错、算错等,可能并不十分在意,而且还作为勉励学生的依据:"如果不粗心的话,就是满分了。你只差一点,以后一定要注意。"但是每次强调、屡屡强调,收效甚微,一部分孩子始终在95分处徘徊。

那么,我们要来分析一下,这5分的差距,我们更应该关注哪一种,其背后真正的原因是什么?卢梭有句话很精辟:"人之所以犯错误,不是因为他不懂,而是因为他们自以为什么都懂。"一个概念,从无知到有知的改变是很容易的,而一种"粗心"的现象却是可以经常不断重复发生的。

所以这5分的差距是因为学生真的不懂,那相对来说我们还是可以放心的,因为要解决不懂是十分简单的。但是如果这5分是在懂的情况下,由于粗心而造成的,我个人认为就需要我们警惕了。

因为粗心是一种习惯也是一种能力的欠缺。之所以反复强调还粗心,就是因为孩子缺乏一种自我反省的习惯和能力。这里特别值得我们注意,粗心比不懂更具有破坏性!

有句话叫"江山易改,本性难移"。为什么有的人从小到大,总爱丢钥匙、钱包。只要仔细留意,但凡事业有成的人,哪个做事不是严谨细致,即使是那些看起来大大咧咧的人,也是"粗中有细"。所以很多孩子的"粗心"是性格、不良的生活习惯或是不良的后天家庭教育导致。一旦成为习惯,一次再一次地做错,浪费时间,而且丧失很多机会。

"粗心"更深层次的原因是由于对概念掌握不够精通，理解不够深入，导致不能正确解决题目，而这实际上就是不会，是学习上的"盲点"！在学习上有多少这样关键的漏洞往往会被"粗心"这个词给掩盖了！比如，若 $y=(a-1)x^{3a^2-1}$ 是关于 x 的二次函数，则 $a=$ _____ 。很多学生的答案是 ±1，而正确答案是 1。这道题目出错的原因表面上看是粗心忘记了 $a-1\neq0$，而实际上是对二次函数的定义掌握不牢，没有把 $a\neq0$ 作为二次函数存在的必备条件。

95 分固然好，100 分自然会更完美。关键不是分数，而是这 5 分的差距中暴露出来的问题才是值得我们去关注和改善的！

批改作业，不是教师的专利

传统的观念，批改作业是教师的专利，而且在各级"教育禁令"当中也明确规定：不准学生、家长代批作业。我是非常认可这样的要求，因为这样可以让教师能够全面地了解自己的教学效果，并且通过作业的批改可以增强跟学生的书面交流。在这个基本前提下，再换个角度去思考，有些特殊的教学内容及特定的时期，让学生学会批改作业，不仅能够锻炼学生甄别错误的能力，而且还能够提高教师的教学效果。

批改作业是很重要的一种教学结果评价方式，是教师和学生互动、从课内学习延伸到课外的一种重要方式。而学生有半数以上只关心教师给出的对或错的评判，并不关心解题过程中出现的错误，以及解决问题方案的多样性。如果学生能够有教师的视野和高度去评判作业，也就培养了学生的自我评价能力。

如何尝试让学生在适当时候以适当的方式去批改作业呢？

首先，必须让学生了解批改作业的相关规范要求。包括：评定的等级、书写规范格式、答案的正确性和完备性、基本的评改符号。学生知道了作业的评改标准，也就相当于明确了自己做作业时的目标，激发了自己向作业优秀者靠拢的目标。

其次，再好的措施，没有制度的保障也会有始无终，所以，应当建立相应的制度保障。比如，要求学生生签上自己的名字，这样可以有效地培养学生的责任心，杜绝敷衍了事的现象发生。还可以建立作业批改情况反馈卡，项目涉及书写、自评、组评、等级、订正情况等。

再次，根据作业内容和学习的要求，设计多元的评改作业形式。比如：自主评改、同桌互评、小组互评，不管哪种方式，唯有教师的认真准备，先前指导到位，才能收到良好的效果，若放任自流，则费时费力，效果无从谈起。

　　大家看一下，用这样的方式，可以引导学生，不再只是单一地关注对错，而是自主清晰准确地把握作业的目标和标准，能够从辨析自我和他人的错误中提醒自己避免再错，让学习不再处在等待教师评判的被动状态中，而且培养了学生间的交流合作意识、进取心和责任意识。与其说是学生批改作业，更不如说是引导学生站在更高的位置去关注知识和学习效果。这并不是减轻了教师的负担，相反从某种程度上是加重了教师的负担。有心的教师，更愿意在这种"负担"中锻炼和提升学生。

作业批语，课外的教学效果

　　教师布置了作业就需要批改。作业的批改是让教师了解学生对知识的掌握程度、检查教学效果、发现教学中存在的问题的一项经常性工作。但数学作业每天都有，教师们长期形成单一的对号（√）、错号（×）这种批改方式，自觉性高的孩子会及时订正错误，但是自觉性差的学生可能就不了了之。因为这里只有单一的符号，缺乏师生间的情感交流。长此以往，除了上课，教师和学生之间的交流也就只剩下了对号（√）和错号（×）。

　　所以，尝试寻找一种在课外，不见面也可以跟学生进行情感交流并且促进教学质量提升的方式就是在作业批改中增加批语。这些评语虽然会额外花去不少时间，但这些批语有助于学生了解自己的学习情况，分析解题中的得失，进而优化解题思路，改进学习方法，融洽师生感情，更好地发挥教师的指导作用，收获令人意想不到的课堂之外的效果。

　　批改作业时常用的评语类型，可以总结如下。

一、指导型

　　直接让学生明白自己的问题出在什么地方。比如，解题步骤过于冗长等，可以批注：步骤有主次，详略须得当。只写结果不写过程，或者过程三言两语过于简单，可以批注：结果诚可贵，过程价更高。这样既幽默风趣，又一针见血，让学生明白自己的问题所在。

二、点拨型

　　解题走了弯路或者遇到障碍，可以批上启发性的批语，达到让学生拓宽思路，茅塞顿开的效果。比如"寻找模型图，一路坦途""特殊值来帮忙，机会在眼前""转化处理,答案在这里"。

三、鼓励型

在批改作业时,教师要有一双敏锐的眼睛,善于发现学生的闪光点,及时给予鼓励和肯定,使他们能够品尝到课堂之外的成功和喜悦,增强克服困难的勇气和信心。比如,"步骤之清晰规范,让人赏心悦目""方法巧妙,让教师对你刮目相看"等。

四、赞赏型

当教师发现了可以作为学生样板的作业或者学生解题方法和思路值得推广时,可以批注:"巧添元,棋高一着,你的应变能力非比寻常。"

五、警醒型

比如有的学生在作业中偷工减料,或者因为态度不够端正敷衍了事,可以批注:"亲,诚恳做人,踏实学数学。"

总之,作业的批改是数学教师的一项常规工作,是对课堂教学的补充和提高,它对于指导学生学习、检查教学效果、调整教学方案,发挥着至关重要的作用。在作业批改中,教师可以及时、恰当地利用评语指出作业中的不足之处,既不打击其自信,又能帮助其纠正不良倾向,使学生很快加以改正。从而加强师生之间的交流,有效调动学生学习的积极性,促进学生各方面的发展。

错题本，有何为

　　善于纠错，及时总结经验教训也是学习的重要环节，改错的过程就是进步的过程。如何提高数学成绩，简单地说就是两点：一是找到不会的；二是把不会的变成会的。找到不会的，很简单，特别对于数学成绩较差的同学们来说，不会的题应该有不少；而第二步，把不会的变为会的，关键的方法就是建立错题本。

　　如何建立错题本？

　　第一，要有这样的决心：错过的题我一定要记住，记在脑子里，记在本子上。所选用的本子一定要很厚很耐用。这样有两个好处：一是避免了多个小本使用，顺序混乱和遗失的问题；二是遇到和以前相似的错题可以对比查看。

　　第二，养成每天记录错题的习惯。记录的同时也是在复习错题，并且每一题做好标记。在每一题的前方留出一厘米的空白边距，用以标注题号、类型和出错频率等级等，以便以后查找，并且定时重新做一遍并标注。

　　第三，错题本，一定要回顾和温习，最好的方式是再做一遍。做再多新题也不如这样有效。这些题都是最容易做错的。初中知识就这么多，弄清楚一点，就多会一点。同时，每做一遍，总会发现一些题仍然会做错，这时候在题号前面用一颗星标注一下（之前的留白有用了吧），再看看为何又做错了，一定要弄懂弄会。复习时，如果时间来不及，着重看那些前面标注有星星的题目，重要等级题目一目了然！

　　第四，好题也可以收入囊中。最好最实用的错题本就是不仅有错题，还有"好题"。比如，有的题目需要全面细致地分类讨论，稍微考虑不周就会坠入陷阱；有的看似计算量庞大得吓人，其实反向思维，将答案代入其中也不过小菜一碟（这种情况在选择题中尤为突出）；有的条件众多，刁钻古怪，不知道从何下手，其实放下畏惧，步步为营，也可以得到大部分的步骤分。收集好题可以帮助掌握更多解决问题的方法和提升思考问题的缜密度。

第五，错题本也可以交换。要学会和同学交换错题本，寻找成绩和自己相似，或者比自己好的同学。和自己成绩相似的同学，一般和自己犯的错误类似。看看他是如何分析和解答的，是不是比自己理解得更深刻，解题方法比自己更巧妙。学习比自己好的同学，一般他做错的题比自己做错的概率更大，提前看一看，避免以后出错，这种机会一定要抓住。

但是建立错题本也要防止走入误区。避免错误的东西永远会错，最后考试还是错。还有的同学，错题本只有在考试前看，他宁愿花一个月的时间刷那些已经会的题，也从来不试图把那些不会的题弄懂，这就使得错题本仅仅是一个记录自己错误的本子。还有的同学，错题本的内容只加不减，如果能够经常看自己的错题本，就会发现有的东西会很快掌握。这时候就需要把这部分内容移除，错题集里面只留下那些你真正还没完全搞懂、没有完全记住的东西，保证每一次翻开错题本都能加深学习。

数学学习，男生、女生有差别

初中阶段，男、女生在数学学习中存在差异。造成差异的因素主要有两个：智力因素和非智力因素。智力因素主要有男、女生在心理素质、思维方式、记忆方式及感知能力的差异；非智力因素主要有封建传统思想的影响，男、女生性格差异，女生的情感特点和思维持点。

一、学习兴趣

在初中阶段，关于数学学习的兴趣和动机，男、女生之间确实存在着较大差异，对数学表现极大喜欢的男同学数量是女生的 2 倍。女生对于数学的兴趣远远不及男生。多数男生对数学有兴趣，他们主要是为了兴趣而学。

二、学习注意力

男生上课质量比女生差，容易被其他的事情所干扰，注意力容易分散；而女生的注意力更加集中，这从侧面反映女生的学习态度要远好于男生，同时也说明女同学对待学习责任感要强于男生。另外，我发现，女生普遍学习要比男生认真很多，更愿意配合教师；而男生就会表现出不积极配合教师的一面。总而言之，女生更愿意与教师合作，学习也更刻苦认真，而男生则在独立性、自主性方面要强于女生。

三、数学知识点接受能力

随着数学学习进程加深，难度增大，男、女生对于数学知识的接受能力出现了一定的差异。男生的当堂接受能力更强，可接受的内容更多；而女生则需要一定时间对知识进行消化。也就是说，对于新知识点的敏锐力以及反应能力男生更胜一筹。

四、数学学习方法

男生对分析思考过程及数学思想方法的重视程度明显强于女生。在意识方面,男生表现出较强的独立思考意向,对问题探求与学习策略充满好奇,较多地关注学习策略,不太重视基本概念;女生则较多地重视技巧和各类习题常用做法,被动应试的倾向较强,在具体学习方式上偏重模仿,学习相对较呆板。

五、数学学习在时间上的差异

女生可能在学习数学的效率上输于男生。初中生需要学习的科目很多,分配到各科的精力自然也不够,对于知识点的巩固时间也减少了,这对于学习相对较呆板的女生来说影响更大,直接的表现就是学习效率不高。由于时间与精力的有限,加上效率低下,也就不难理解为何女生作业完成情况反而比不上男生了。

六、数学学习自信程度

女生的自信相比于男生来说也要弱。或许是随着对数学知识的要求越来越高,女生的数学成绩相比男生来说没有优势,导致女生对待学习数学的态度缺失比较大的自主性。大多数女生都没有选择根据自己的需求来学习数学,而是盲目地按照家长和教师的要求、以完成任务的心态来对待数学的学习;相反,男生的自主意识就表现得更强,较少考虑教师和家长的要求。

七、男女生内容重视

初中学生的自觉性还不成熟,他们学习数学主要是受非智力因素影响。比如说在个人意识兴趣等方面,相比于女生,男生有更强的学习意愿,他们对待某些事物的倾向性会持续很长时间,特别是男生对数学解题方法和技巧总是持有非常强的好奇心;而女生则表现得更勤奋刻苦,女生并不对具体的学习方式和解题技巧有很强的兴趣,她们往往采用机械模仿的方式来学习数学。相比于女生,男生对解题技巧和学习方法比较热衷,但对具体的数学基本概念又不重视。

八、数学学习认知

男生在做题过程中,更愿意在脑海中读懂题目所蕴含的意义,希望从题目的已知条件、未知条件和它们之间的关系入手,让题目看起来更直接、更加让人接受并且更容易解决,因此男生在解答数学问题时就能找到更好的解题方法、能更快更好地解答数学问题。

女生在数学学习的主动性上比男生差,而男生在日常的数学解题过程中会尝试各种不同的方法,从一般解法到创造性思维的解法,这样他们解决问题的效率和速度必将得到很大的提升,从而导致在初中阶段,男生在学习数学时相比于女生更加得心应手。

男生对认知对象的认识和敏感程度更高,对认知活动中认知体验更为强烈,并且预知认知活动的感觉更可靠。我们总感觉男生学习数学更有优势,因为他们看起来更"聪明"。然而事实并不是人们想的这样。男生之所以在学习数学方面存在优势,这是由于男生与女生相比,他们对数学问题更敏感,对数学问题的把握更到位。

男、女生在数学学习的认知方式方面存在差异,女生的独立数学学习能力要比男生差,但女生对外界的抗干扰能力相比男生而言更优秀。

数学特优生，特在哪儿

北京师范大学孙瑞清教授曾对部分数学能力较强的学生，做过关于数学学习兴趣和价值观的问卷调查，得出以下结论：数学特优生的学习，在数学学习心理上显示出许多共性。

逻辑性强——善于把知识系统化和结构化。

概括性强——善于抽象思维。

灵活性强——善于处理与灵活性有关的开放信息。

流畅性强——善于分析、综合及思考的形式化。

流动性强——善于主动获得知识，具有很强的好奇心。

坚持性强——能持之以恒地对待学习和处理事务。

自我意识强——善于体现自己的价值，不为环境所干扰。

控制力强——能控制自己的情感与行为。

特优生除具有上述共性外，还具有某些特殊的心理特点。比如：他们往往重视数学难题，相对轻视基础知识和基本训练；他们常常追求巧解，而忽视解题的通性通法和一般规律；他们的直觉思维能力强，但往往忽视严谨的逻辑分析与表达。

特优生在学习过程中经常对学过的东西进行总结，分门别类地整理，组建自己的知识结构和图式。特优生的知识是围绕核心概念和大观点组织的。这些核心概念和大观点引导他们去思考。他们能够把解决某一类型数学问题的"方法、策略、思路"组合成模块，并善于把知识条件化，知道何时、何地和为什么使用这一知识和方法。他们长于把握问题的信息特征和有意义的信息模式，能自动地和顺畅地从自己的知识中提取重要的内容，能灵活应用知识方法应对新情境和新挑战。

如何培养数学特优生？

首先，善于发现人选。

标准：特优生的苗子应该具备基础扎实，思想活跃，思维灵敏，学习上有较大的潜力和较强的分析问题和解决问题的能力，并且对数学有浓厚兴趣，各科学习水平发展均衡、全面。同时，要具有良好的文科基础，具备较强的理解能力、表达能力和归纳总结能力。要重视智力因素，那些思维灵敏、喜欢钻研、喜欢看课外书、喜欢超前自学、喜欢别出心裁的都是好苗子。一定注意，那种学习勤奋，善于模仿，仔细认真，但仅仅局限于书本，在常规的考试中成绩优秀，但凸显能力考查的考试中又波动较大的学生不适合作为特优生的苗子。

重视学生的非智力因素。数学特优生的好苗子往往都有强烈的学习欲望，有良好的自信和毅力，有独特的学习方法和科学的学习习惯。而这些非智力因素恰恰能起到强化学习深度和提高学习效率的作用。

其次，善于培养人选。

早选人。"不积跬步，无以至千里"，从低年级开始坚持开展数学课外活动，按照"金字塔"式选尖培优。

抓牢基础。好高骛远、眼高手低、基础不牢是尖子生的致命弱点。打下坚实基础，才能进一步深入钻研，发展思维，培养能力。

精选内容。根据特优生水平，选择一些有利于拓宽视野、培养求异思维和独创精神的高质量的学习内容，不脱离教材、又不重复教材，既培养自学能力，又教会他们在自学中掌握比较、归纳、总结，做好知识与方法的积累。

严把导师关。特优生的辅导教师，一定是有较高学科素养和专业水平、知识面广、能够用纯熟深厚的功底影响学生的教师。

固定时间、模式。按照课前先布置练习，集中进行精讲、总结、引导，然后再布置一定的课后练习，为下一课做预备，同时按知识块命题进行测试，以利巩固提高。

活动促发展。定期组织竞赛类活动，激发特优生提升自我的愿望。在每次活动前，对学生的各种技能进行培训，以便在平时培养的基础上，得到阶段性的提升。

为特优生建立独立的自修室。如果有条件，可以为特优生建立独立的自修室，里面放置各种数学前沿的书籍报刊，电脑等信息化工具以及其他各种数学工具，供他们自由学习。

不管何种方式，不要忽视一点，课堂教学是课外活动的基础，课外培优是课堂学习的延伸和补充，普及与提高相辅相成，课内与课外相得益彰。

学困生的数学思维及对策

国内外对数学学习障碍的研究比较多,我国这方面的研究起步较晚。结合自己的教学实践与思考,选取几种认同的研究结果,供大家探讨。

国内的几项研究表明,学困生产生的原因有如下几方面。

(1)学校教育因素:在我们平时的教学中,大班化的教学组织形式客观上使教师难以兼顾到每一个学生,教学上要求"划一"忽略了学生接受能力的差异。

(2)家庭环境方面:家庭教育在孩子的教育中占着重要的地位,由于父母长期在外工作或家庭成员关系紧张等原因,儿童从小就未得到大人充分的爱抚,在早年生长发育的关键期,没有得到丰富的环境刺激和教育。此外,不适当的学习内容和教育方法使儿童产生的厌学情绪也对孩子的学习产生较大的影响。

(3)个人自身因素:学习动机不明确,兴趣不浓,甚至不愿学而放弃学习;意志薄弱,不能控制自己坚持学习;缺乏科学的学习方法,学习自主性差,不注意知识归类,不会系统总结,学习往往死记硬背,不注重知识的理解;学习策略有缺陷,数学表征能力差、缺乏灵活解题策略、缺乏有效元认知技巧,注意力缺陷、感觉统合失调。

苏霍姆林斯基说:教学和教育的技巧和艺术在于,要使每一个儿童的力量和可能性发挥出来,使他享受到脑力劳动中的成功的乐趣,在学习中取得成就——这一点,形象地说,乃是通往儿童心灵中点燃"想成为一个好人"的火花的那个角落的一条蹊径。教师要爱护这条蹊径和这点"火花"。事实上,每个孩子都渴望成功,学困生往往有着比优秀生更强的自尊心,更希望得到教师的认可,更期盼平等和成功。学困生对自身能力的认识除了主观方面以外,在很大程度上还受周围人的影响,他们认为有威信的人给予的肯定会促使自己充分展现自身能力,适当的激励、唤醒和鼓舞会使学困生在学业成绩上达到良性循环。

学困生的转化策略:

(1)做好与家长的沟通,形成教育合力。当学生进入初中后,依然没有养成良好的学习习惯时,需要一段时期内有效的监督以帮助其养成。而对于非寄宿制学校,白天教师的各种鼓励与约束,会随着学生晚上回到家后惰性与懒散习惯的到来而消失殆尽,这个时候就非常需要家长的力量,配合教师,对孩子实施有效的监管。事实证明,家校双方如果在此恰当地配合,孩子的学习效果会有大幅度提升。

(2)建立和谐的师生关系。亲其师,信其道,学生某学科学习困难,很多是因为不喜欢这一科的教师,如果教师能够先从情感角度跟孩子做好沟通,然后进行单独的辅导或适当的照顾,这样可以在很大程度上帮助学生增强信心和力量。另外,因材施教,不同的孩子采用不同的教学方式,也应当配以不同的评价方式,对于学困生的评价,需降低标准,提升自信,调动积极性。

(3)以情动人,培养学生的非智力因素。有效激发学生的内生力,使其能够自觉主动地参与到学习活动中。在这个过程中,努力创设一些让学生有成就感的学习经历,培养其对数学学习的兴趣,慢慢克服长久以来形成的挫败感和畏难情绪,形成较强的意志力。

心理学的经典概论对数学学习的影响

分析、研究重要的心理学理论,有助于我们更好地探究数学学习的心理特殊规律。

一、巴甫洛夫条件反射理论

巴甫洛夫在研究狗的消化生理现象时,把食物呈现在狗面前,并测量其唾液分泌,通常狗吃食物时才会分泌唾液。后来,巴甫洛夫偶然发现狗尚未吃到食物,只是听到送食物的饲养员的脚步声时,便开始分泌唾液。他没有放过这一现象,就开始做一个实验:先给狗听一个铃声,狗没有反应,然后在给狗铃声之后紧接着呈现食物,并经反复多次结合后,单独听铃声而没有食物时,狗也"学会"了分泌唾液。铃声与无条件刺激(食物)的多次结合从一个中性刺激变成了一个条件性刺激,引起了分泌唾液的条件性反应。

对数学学习的影响:

在巴甫洛夫看来,"所有的学习都是联系的形成,而联系的形成就是思想、思维、知识"。对于数学学习来说,习得律、泛化与分化等基本规律有一定的借鉴意义。在数学学习的初级阶段,"熟能生巧"的道理其实就可以归结为巴甫洛夫的经典型条件反射理论,尤其是对于数学技能的学习、数学情感态度的积淀、数学经验的学习都能够给出一定的合理解释。

二、桑代克"试误说"学习理论

美国著名的心理学家和教育家桑代克设计了有名的迷箱实验:把一只饥饿的猫放入设有门闩装置的迷箱,迷箱外放有一盘食物。在猫第一次偶然打开门闩逃出迷箱之后,又将它放回迷箱,进行下一轮尝试。"逃出—放回",如此重复多次。桑代克记下猫每次逃出迷箱所需要的时间,发现经过多次连续尝试,猫逃出迷箱所需的时间越来越少,以至到了最后,猫一进迷箱,就能打开门闩,跑出迷箱,获得食物。桑代克由此否定了顿悟类型的学习并指出,如果猫是突然获得观念的话,那么学习曲线应呈一种突然改善之势,但是实际上呈现的是一种由慢到快的渐进过程,猫学到的不是观念之间的联结,而是刺激和反应之间的直接联结。行为改进是通过一种机械过程自动完成的,不需要观念和顿悟。学习是一种几乎没有意识和思维参与的情况下自动地形成刺激—反应联结的过程。

桑代克根据动物实验提出三条学习的定律,即准备律、效果律、练习律。

准备律。即学习者是否会对某种刺激做出反应,同他是否已做好准备有关。

效果律。即只有当反应对环境产生某种效果时,学习才会发生。如果反应的结果是令人愉快的,那么学习就会加强;如果反应的结果是令人烦恼的,那么这种行为反应就会削弱而不是加强。

桑代克同时也指出,只有学习者发现重复练习能获得满意的效果时,练习才会有助于学习,没有强化的练习是没有意义的。

对数学学习的影响:

(1)学生的学习在一定程度上表现为"尝试—错误"的过程,只不过学生的"尝试—错误"是有目的、有意识的。

(2)根据桑代克的练习律,数学学习中的练习环节不可缺少。

(3)在学习前,要让学生做好充分准备,包括心理和生理的,主观和客观的。

三、斯金纳操作条件反射理论

斯金纳关于操作性条件反射作用的实验,是在他设计的一种动物实验仪器即著名的斯金纳箱中进行的。箱内放进一只白鼠或鸽子,并设一杠杆或啄键,箱子的构造尽可能排除一切外部刺激。动物在箱内可自由活动,当它压杠杆或啄键时,就会有一团食物掉进箱子下方的盘中,动物就能吃到食物。

斯金纳认为,学生学会某门学科正是通过操作性条件作用而形成的一个又一个的反应,有效的教学就是要提供良好的数学教学程序,用以诱发出学生的合适行为。他认为,在教学过程中,教师的作用应该在两方面得到体现:一方面是设计教学程序进行刺激控制(包括辨别刺激和强化刺激),具体表现为组织教材、设计教案、进行教学以及准备促进学生做出预期反应的有关刺激等等;另一方面是在适当时刻给以恰当的强化刺激物。强化刺激按反应与强化之间间隔时间的长短,分为即时强化和延时强化。在学习形成期,运用即时强化,而在学生保持期则运用延时强化。

对数学学习的影响:

操作性条件反射理论对数学学习的最大影响集中表现在如下两个方面:

(1)对学生的学习效果要及时做出评价,而且要以正面评价为主。

(2)把复杂的学习内容分解为几个较简单的内容,采用"各个击破"的方式进行。

四、加涅"信息加工"学习理论

加涅"信息加工"学习理论认为,学习是一个有始有终的过程,这一过程可分成若干阶段,每一阶段需进行不同的信息加工。在各个信息加工阶段发生的事件,称为学习事件。学习事件是学生内部加工的过程,它形成了学习的信息加工理论的基本结构。与此相应,教学过程既要基于学生的内部加工过程,又要影响这一过程。因而,教学阶段与学习阶段是完全对应的。在教学阶段发生的事情,即教学事件,是学习的外部条件。教学就是由教师安排和控制这些外部条件构成的,而教学的艺术就在于学习阶段与教学阶段的完全吻合。

对数学学习的影响:

按照加涅的理论,数学学习过程是一个信息传递的过程。他将学习按照由低到高进行分类的思想,对研究数学学习以及进行数学学习是很有利的。根据加涅的连锁学习、言语联结学习的思想,可以把数学技能划分成操作技能、心智技能、有利于讨论数学技能的学习过程。根据加涅的观点,数学概念、定理、法则的学习是不同的，它们有层次之分，这是对传统数学教学观点的补充和发展。

加涅的信息加工学习理论启示我们，教师的教应从学生的学出发，而且要落实到学生的身上。教学的手段和教学方式要有利于促进学生的学习。教师要根据学习的层次精心组织好教材，要重视教学反馈作用，并在学习过程中要注意引导学生直接探索和钻研教材。

五、布鲁纳"认知—发现"理论

学习的实质在于主动地形成认知结构，布鲁的"认知—发现"理论非常重视人的学习主动性，认为人的学习是主动学习。具体表现：重视已有经验在学习中的作用，认为学习者总是在已有经验的基础上，对输入的新思想进行组织和重新组织。重视学生学习的内在动机与发展学生的思维。他认为，学习的最好动机是对所学材料本身的兴趣，不宜过分重视奖励、竞争之类的外在刺激。他把思维分为分析思维和直觉思维，强调教学要把发展直觉思维能力放在重要地位。因为直觉思维是和直觉相联系的创造性思维，科学的发明创造往往是从直觉思维开始的。

关于学习过程，他认为，学习是一门学科，看来包含着三个差不多同时发生的过程：新知识的获得、知识的转化与评价。

布鲁纳强调学习注意各门学科的基本结构。他主张，不论我们选教什么学科，务必使学生理解（掌握）该学科的基本结构，即该学科的结构和学习态度、方法两方面。他提出，学校课程设计要把基本知识结构放在中心地位。他认为，重视学习学科的基本结构是有好处的：懂得了基本原理，使得学科更容易理解，这有助于学习内容的记忆，有助于增进学习中的迁移，有助于激发学习动机或学习兴趣，这与"新基础教育"所倡导的"结构"异曲同工。

对数学学习的影响

（1）建构原理——学生开始学习一个数学概念、原理或法则时，要以最合适的方法建构。

（2）符号原理——应当用螺旋式的方法来建构数学中的符号体系。这里的螺旋式指的是以直观的方式引入每个数学概念,并使用熟悉的和具体的符号表示数学概念的方法。

(3)比较和变式原理——从具体形式到抽象形式的过渡,需要比较和变式。比较是帮助学生直观地学习数学概念、提高其抽象水平的最有用的方式之一。

(4)关联原理——应当把各种概念、原理联系在一起,在一个统一的系统中学习,要使学生的学习卓有成效,就必须说明和理解数学概念之间的联系。

六、奥苏贝尔"有意义学习接受"理论

奥苏贝尔认为"接受学习必然是机械的,发现学习必然是有意义的"是毫无根据的。根据奥苏贝尔的"有意义学习接受"理论,无论是接受学习还是发现学习,都可能是机械的,也都有可能是有意义的。如果教师讲授教学得法,并不一定导致学生机械学习;同样,发现学习也并不一定保证学生有意义学习。如果学生在学习时,不理解一些符号所表示的意义或方法,仅仅记住这些符号的组合或词句,例如,只记住了"开平方"这个词或"$\sqrt{a}$"这个符号,并不理解它的含义,那么这种学习就是机械的。如果经过思考,理解了由符号所代表的数学内容和方法,并融会贯通,那么这种学习就是有意义的。所谓"有意义学习",是针对"机械学习"而言的,它是指在学习知识过程中,符号所代表的新知识与学习者认知结构中已有的适当观念建立实质性和非人为性的联系的过程。

任何学习,只要在新旧知识之间建立的联系是实质性的、非人为性的,都是有意义学习的过程,反之则称为机械学习。决定学习方式是机械的还是有意义的,取决于发生学习的条件如何。有些经验丰富的教育工作者,根据多年的教学体会,认为影响发生学习的条件是激发学生的学习动机,使其明确学习目的,端正学习态度,从而发生积极的求知反应,并做到及时强化和反馈。优秀教师都是按照这一规律进行教学的。他们"吃透"教材和学生,将有潜在意义的学习材料与学生已有的认知结构联系起来,激发学生学习的积极性、主动性,并通过各个教学环节不断深化。

对数学学习的影响：

首先，"有意义学习"理论可以很好地诠释发现学习与接受学习的关系。事实上，教学方法的作用不能离开特定的教学情景。并非发现学习就是有效的学习方式，接受学习就是不好的学习方式，问题的关键在于学习内容对学生来说是否有意义。

其次，教学应当是有意义的接受和有意义的发现并举。教学最重要的一个出发点是学生已经知道了什么。教学有法，教无定法，贵在得法。

最后，教学的重要策略在于怎样建立学生原有数学认知结构中相应的知识和新知识之间的联系，以及如何有效激发学生有意义学习的潜在因素。

七、建构主义的认知论

建构主义的核心观点认为，认识并非主体对于客观实在简单地、被动地反映（镜面式反映），而是一个主动的建构过程，即所有的知识都是建构出来的；在建构的过程中，主体已有的认知结构发挥了特别重要的作用，而主体的认知结构也处在不断的发展之中。

对数学学习的影响：

建构主义学习理论对数学学习有多方面的意义：

首先，应该用建构主义观点看数学。数学本身也是主体建构的产物。它应该是鲜活的、动态的、开放的、表现多维度的，并非绝对正确的数学活动的结果，这样的数学观将直接导致数学课程观和数学教学观的变化。

其次，应强调知识学习是一个建构过程，必须突出学习者的主体作用。教师的讲解并不能直接将知识传输给学生，教师只能凭借组织者、合作者和引导者的身份，使学生主动参与到这个学习过程中来。

此外，应更加关注学生学习的个性化特征，使其在知识学习中获得合理的个人经验的内化。但是，又要看到知识的建构不仅是个人的，也是社会的。因此，课堂上师生的交互活动显得至关重要，"学习共同体"的形成以及对课堂社会环境和情境的构建成为取得数学学习成效的重要途径。

数学学习倦怠的调查与分析

在整个初中的数学学习生活中，每个学生的学习历程都不会是一帆风顺的，多多少少都会有一些负面的体验，而这些体验的不断累加，是导致到高年级数学学习倦怠的直接原因。我通过对历届学生做的调查，并对回答进行了整理，发现不少问题：对数学学习上抵触、有冷漠与厌烦情绪、缺乏学好数学的信心、不愿付出努力、对任课教师的排斥与否定等。归类后，大致分为三类：学科情绪耗竭、学科低效能感与否定学科教师。

一、调查结果

（一）学科情绪耗竭

学科情绪指学生在该学科教学和学习过程中体验到的，与该学科学业活动相关的各种情绪体验，包括学生在该学科课堂学习中、日常完成作业中及考试期间的情绪体验。

初中学生容易产生自豪、羞愧、无助等情绪。研究表明，在英语和数学学科上，感到更多的是羞愧和无助，而不是自豪。焦虑情绪在语数外三门学科上具有普遍性，学生在这些学科上都能体验到焦虑。希望、兴趣、厌倦和失望在这三门学科学业自我概念上也具有普遍性。于是有研究者专门对数学和英语学困生的学业情绪进行了研究。郭雪萍等人的研究表明，初中数学学困生的学业情绪与其基础知识、学习习惯和注意稳定性等有关系。

（二）学科低效能感

自我效能感由班杜拉首先提出，是指人对自己能否成功地进行某项活动并取得成功的主观判断。国内外已有大量研究表明，自我效能感会对学习造成大量直接或间接的影响，如影响学生的目标定向、期待水平与归因方式等。

学习自我效能感是学生自我效能感在学习领域内的表现。低学习自我效能感是引发学生焦虑、抑郁、沮丧等心理问题的原因之一。

数学在提高一个民族的科学和文化素质上起着非常关键的作用，他不仅给予应用技术，而且也给人以能力。但是目前数学教学中最薄弱的一个环节是反思性学习，学生在学习中自我反思、自我监控的能力发展落后于其心理能力的发展。

二、分析

（一）数学学习的特点所决定

学生数学学习过程中的成败体验、数学课业负担、教师的发起性与回应性行为、数学学习内部动机均对初中生数学学习倦怠具有预测力，其中以成败体验和数学课业负担的预测力最高，即初中生在数学学习过程中失败体验越多、外部压力越大、数学学科的抽象性与严谨性等特点给学生造成的困扰越多，越容易加重其数学学习倦怠的程度。

为什么多数学生厌恶数学，偏低的成功率降低了成就动机，导致学生的倦怠心理。教师的教学进度过快，要求过高，势必导致学生缺乏成功体验，感觉学习太苦太累、没意思，兴趣在乏味的学习过程中逐渐减退。

教师的发起性、回应性行为与数学学习内部动机也在一定程度上对学习倦怠的产生造成显著影响，即学生越倾向于认为教师在日常教学中缺少师生互动与对学生的有效反馈，其数学学习倦怠的程度越高；学生的数学学习内部动机程度越低，其数学学习倦怠的程度越高。

（二）各影响因素间也具有不同程度的相关性

例如，数学学习内部动机与其他因素间均呈负相关，这说明学生的数学学习内部动机程度越高，其他影响因素对学生的负面影响程度就越小。

（1）让学生感到数学之美、之实用性。著名近代数学家开普勒说过："数学是这个世界之美的原型。"教师应让学生了解数学的历史，知道数学丰富的内涵，其简洁美、对称美、统一美、奇异美等。让学生在美感中求取数学的真谛，自觉地投入到学习之中。

（2）充分发挥教学过程中学生的主体作用,提高教学过程中学生的参与程度,让他们能够主动、自由、快乐、有效地学习。在教学时,可以多给学生动手的机会,让他们在实践中发现问题,解决问题。例如,讲垂径定理时,我采用试验观察法,要求学生课前用纸片剪一个小圆,课堂上通过"动手画""动手叠""用眼看""动脑想",即通过"试验—观察—猜想—论证"的教学模式教学。整堂课的气氛非常活跃,学生积极地参与到教学活动中来,教学效果很好。

（3）改造课本,拓展例题,强化应用数学。例如,在教"地砖的铺设""银行的利率""股市走势图""图标的收集""打折销售"等内容时,让学生走出课堂去学习,体会数学与生活的密切联系,使学生初步了解用数学方法来解决生活中实际问题的过程,体会所学数学知识的应用价值。

（三）不同年级之间有差异

初四学生的数学学习倦怠程度显著高于初一、初二、初三的学生,而初一、初二间的差异并不显著;各影响因素对初三学生的影响程度明显高于初一、初二的学生,而初一、初二间的差异也不显著。这种大致同步的变化趋势是可以理解的:随着各影响因素对学生影响程度的不断提高,学生的数学学习倦怠程度也在不断升高。不难发现,初中二年级是初中生数学学习倦怠程度变化的重要转折点。

三、应对策略

（一）缓解学生的学习压力

（1）加强与学生的沟通交流,教会学生主动寻求心理援助,如与家人交谈,找心理辅导教师或自己信赖的人倾诉衷肠,或通过写日记或写博客等方式来缓解。

（2）根据每个学生的实际情况,帮助其明确个人阶段性目标,每进步一点,及时表扬。

（3）教学生放松训练,如"一四二"呼吸法,可以缓解疲劳,消除紧张,放松心情;"人"字操调整"左右脑"平衡,提高学习效能。

（二）激发学生的成就动机

（1）我们应把关注的对象定位于人的发展,而不是分数。对于一个学生来说,90 分是好成绩,而对另一个学生来说,则可能只要求 60 分就是好成绩。达到相应标准都应该肯定,因为都取得了好成绩。(2)因材施教,为不同的学生提供不同的教育策略。教学上要从学生实际出发,创设有利于学生自主学习的问题情景,提出不同层次的问题,让不同的学生都跳起来摘桃子,使他们体验到挑战和成功带来的愉悦。

(三)培养学生的学习兴趣

兴趣是孩子创造力、求知欲的原动力,只有孩子对数学感兴趣,才会永无止境地去追求、去实践、去发展,由被动学习变为主动学习、创造性学习。

初中生数学学习倦怠的现象是多方面因素造成的,除了以上措施外,教师还应注意对学困生的辅导,加强学法指导,培养学生的意志等。教师与家长多沟通,共同采取措施,重燃学生对数学学习的热情。作为教师,除了关心学生的学习成绩外,还应关心学生的心理健康,还孩子学习的乐趣,让孩子享受学习。

影响数学学习的因素有哪些

一、家庭因素

（一）家庭关系对学生数学学习情感、态度的影响

在数学学习中，要求学生学会合作交流，有沟通反思的能力，而这些能力的养成与家庭有着密切的关联。另外，亲密的亲子关系有助于养成学生坚强的学习毅力、独立性、进取心，而这些心理品质对数学学习有着重要的影响。

（二）父母的价值观及过高期望的负效应对学生数学学习的影响

家长是学生成长发展中的楷模，家长的价值观将影响孩子的数学观。如果家长过分重视升学、分数、名次，学生就会潜移默化地受到影响。另外，父母适度的期望容易激发学生学习的积极性和自觉性，但期望过高不符合实际情况，往往会使子女产生自卑心理，一直消沉，反而激不起学生学习数学的兴趣。特别在学生学习中遇到困难时，家长不鼓励其产生克服困难的勇气和毅力，反而加以讽刺挖苦，这样会使学生丧失继续学习数学的信心。

（三）家庭成员的知识水平对学生数学学习的影响

家长的知识水平对学生的学习影响很大。一个懂得教育基本规律的家长，往往会在孩子适当的年龄段采取适当的教育方式和教育行为。比如，在学龄前主要培养孩子的形象思维、直观感觉，应给孩子些实物的玩具；在12岁以前发展学生的空间观念，同时发展初步的逻辑思维，给学生以各方面的指导，培养学生对数学学习的兴趣。当然，对学生数学学习而言，家庭教育在知识方面的影响本身是次要的，情感、态度、价值观及数学思考的方式才是主要的。

二、学校因素

（一）教师对学生学习数学的影响

一个合格的数学教师，其必须具备的条件是多方面的，而其中最主要的、也是公认的、不可缺少的有三条。

（1）必须有比较扎实的数学理论功底。权威专家表明，中学数学教师必须具备数学大学本科毕业水平，这样才能更好地驾驭中学数学教材，对数学知识的来龙去脉心中有数，对知识的地位和作用把握准确，对中学数学知识中的数学思想、数学方法运用自如。

（2）必须懂得教学方法，知道如何引导学生的数学学习。这就需要教师掌握驾驭课堂教学的技巧，又要了解学生的数学学习心理，并掌握激发学生数学学习兴趣和动机的方法，使学生加倍努力地学习数学。

（3）热爱数学教学工作，具有良好的敬业精神。教师应有强烈的责任心，能自觉钻研其中的规律，努力使自己成为学者型数学教师。此外，教师适度的期望可以增强学生学好数学的自信心，课堂中恰当的问题情境的创设可以激发学生数学学习的积极性；正确的评价可以使学生获得成就感；教师组织适当的学习竞赛，可以激发学生的求知欲。另外，学生喜欢数学，往往是教师与数学教学内容之间形成恰当氛围和教师丰富的数学情感的体现。

（二）学生之间的关系对数学学习的影响

班级氛围对学生智力因素与非智力因素发展都会产生一定影响，特别是暗示作用。勤奋、刻苦、严谨的气氛，会促使数学学习得到良好发展，团结、互助的学习气氛会促进数学学习的共同进步。在班级中适度地竞争能使人注意力集中、精力充沛，竞争又让学生充分发挥创造性思维与创造性想象的作用。合作学习是一种有效地解决问题的方式。与小伙伴们一起学习有助于借鉴他人的思考方法、放开思路，严密而有创造性地解决问题。合作学习的开展需要一些条件，比如，学生要学会沟通、合作的技能，要学会处理分歧，分享学习成果，教师也要学会放权，学会协调和组织学生小组的讨论合作等。

三、社会因素

著名认知心理学家维果茨基认为，社会环境对学习有关键性的作用。

基于我国教育教学实际,我认为,影响学生数学学习的社会因素集中体现在社会变革、社会风气、媒体的价值观导向以及教育的导向等方面。随着社会的变革,数学的发展,计算机技术的广泛应用,数学在许多领域都有了不同程度的应用。事实上,数学对整个社会发展的影响不仅局限在比较专业的领域中,它已渗透到人们的日常生活、工作的方方面面。但在大众媒体中,许多影视作品体现了"理轻文重"的思想。个人数理思维的发展存在差异,不是每个人都适合数学学习,愿意学习数学。但是,可喜的是当前我国的教育现状是,不管文科理科,数学是必考科目,如果数学学不好,将永远是学生前进路上的拦路虎。

四、学生的非智力因素

除了学生的注意力、观察力、记忆力、思维力和想象力等智力因素外,兴趣、情感、意志和性格等非智力因素也在学生数学学习中起着至关重要的作用。

(一)兴趣对数学学习的影响

一旦学生对数学一点兴趣都没有,就很难调动他们的积极性,他们就会觉得数学很难、很枯燥,怎么学也学不会。学生如果能在学习数学中产生兴趣,就会形成较强的求知欲,就能积极主动地学习。所以让学生积极参与教学活动,并让其体验到成功的愉悦,创设一个适度的学习竞赛的环境,提高教师自身的教学艺术等,这些都可以提高学生对数学的学习兴趣。

(二)自信心对数学学习的影响

其实优生和待转生的智力水平是差不多的,很多时候优生越对自己充满信心,而差生越对自己缺乏信心。差生很少从攻克一道数学题中体验到数学的乐趣,反而从一次又一次的挫败中变得越来越不相信自己。而优生拿到一道题目时,他们认为自己一定能够把题目解出来,大脑就直接进入解题状态,而这种成功的体验又一次次增强他们的信心。

(三)意志对数学学习的影响

学习意志是为了实现学习目标而努力克服困难的心理活动,是学习能动性的重要体现。与小学阶段的数学学习相比,初中数学难度在增加,学习方式也发生很大的变化。初中教师相对于小学教师来讲，没有手把手地教，学生要慢慢养成一种独立学习的习惯。如果有的学生适应能力较弱，表现出学习情感脆弱、意志不够坚强，在学习中一遇到困难和挫折就退缩，甚至丧失信心，导致学习成绩下降。所以，增强学习意志的培养，是促进数学学习至关重要的一环。

　　总之，数学教育在整个教育体系中占有重要地位，所以如何学好数学已成为大家共同关注的话题。只有将家庭教育、社会教育、学校教育整合在一起，促进学生数学学习的内在动机的形成，才能加速学生数学学习的原动力，从而学好数学。

数学之韵——我的数学感悟

在现实中，不存在像数学那样有如此多的东西，持续了几千年依然是确实的如此美好。

——[美国]苏利文

让运算可以育人

运算能力是数与代数领域的核心概念,王尚志教授曾经谈到运算有四个角度:运算的对象、运算的背景、运算的法则和运算的应用。在谈到第四个角度"运算的应用"时他提出:"我们学会了这么多的运算,到底有什么用,在哪儿能发挥他的作用,也是非常重要的。"这个观点让我更多地去思考运算的育人价值。

这是八年前,我作为教师研修的指导教师时,在一次教师培训中看到的一个案例,这里面对运算的理解给了我们很好地启示。

一、遵循运算规则其实就是遵守人生规则

不按规则出牌,有时候带来的不是惊喜而是失败! 解题如此,做人亦如此。"我明白我错在哪里了!"七年级的小唐同学在弄懂这道题目,计算:$-48 \div 36 \times (-\frac{1}{9})$ 时,欢呼起来,"我忘记了乘除法是同级运算,应该按着从左到右的顺序来进行了! 我先计算了后面的乘法,等于是人为地加了括号,改变了原题!"

二、避繁就简,巧妙解决问题,是人生的一种智慧

"这道题要做多久呀!"面对下面这道题,计算:$1-2+3-4+5-6+\cdots+2003-2004$,小李同学犯了愁。通过良久地冥思苦想,小李终于用正负结合的办法得出了这道题的答案。

三、数学是严谨的艺术,它拒绝一切浮躁和不真

小苏是班里的数学尖子,数学考试还曾得过满分,可这一次他"栽了",

栽倒了一道不起眼的小题上,合并同类项。因为弄错了符号,惨丢5分呀!

四、感受数学之美可以提升学生的审美能力,让学生学会发现美、创造美

看下面一组等式:

$1 \times 1 = 1$,

$11 \times 11 = 121$,

$111 \times 111 = 12321$,

$1111 \times 1111 = 1234321$,

······

$111111111 \times 111111111 = 12345678987654321$。

这组等式所表现出来的自然的和谐性、规律性之美令人赞叹!

通过学习运算,学生们懂得了遵循规则,体会了寻找捷径,明白了细心认真,感受了和谐之美……点滴皆学问,细节可育人,我们要善于抓住点点滴滴的教育契机,不但要教书,而且要育人,这才是教育之根本。

在当时,这位教师的文章独辟蹊径,由运算法则到人生规则,从避繁就简、巧妙解决问题映射人生智慧,由演绎到严谨拒绝浮躁和不真,以及寻规律感受数学和生活的和谐之美,从四个角度阐述数学运算的育人功能,让学生经历过程、加强体验、积累经验。她倡导数学教学要抓住契机,点滴皆学问,细节可育人。她以实际行动践行:数学教师不要做教书匠,而要做教育家。

其实,作为运算教学,有三个问题是我们平时最容易出现的。一是重结果轻过程。我们习惯于一个个例题的运算,用相对较少的时间得出运算法则,然后用相对较多的时间让学生练习巩固掌握法则,通过大量操练提升学生正确快捷运算的能力,忽视了法则的形成过程对于学生成长发展的价值。二是重局部轻整体。教师关注于一节中某种单一方法的局部认识与掌握,导致学生当堂课的方法掌握较好,但综合运用方法的能力低下,忽视了学生在整体综合认识方法、判断选择方法、灵活运用方法的能力培养。三是重外在形式手段轻内在的数学思想。教师关注于教学中的情境创设、小组合作、多媒体运用等外在形式,忽视了运算教学中个例引入过程的化大为小、化繁为简的思想,法则归纳提炼过程的从特殊到一般的思想、数形结合的思想,以及将次消元的化归思想等等,这都导致了运算教学的育人资源极度贫乏。

如果我们在日常的教学中能够规避以上现象的出现,提升学生抽象思维水平与能力,更为重要的是,使学生感悟渗透其中的数学思想方法,如从特殊到一般的归纳思想、数形结合思想、换元转化思想,帮助学生形成主动的学习心态,学会用代数方式进行抽象的思维。唯有此,才能发挥运算教学的载体作用,从而使重中之重的育人目的得以凸显和落实。

这也让我们反思:作为学校的教研组织,在其运算的工具功能人人重视,而其育人功能常常被淡化的今天,应该据此从操作层面上去思考:要从学科育人的高度使教师更好地理解学科,驾驭本学科的教学与教研,让运算也可以育人。

让概率教学寓于统计

在我听过的课中,涉及让学生体验频率和概率的关系时,有的教师这样设计:告诉学生掷一枚均匀的硬币,出现正面或反面的概率是 $\frac{1}{2}$,然后让学生通过实验去验证这个结果。但实际上,学生做了很多次实验也得不到 $\frac{1}{2}$,反而开始质疑这个结论的正确性。为什么会是这样?因为这个 $\frac{1}{2}$ 是通过概率的定义得到的,不是依靠掷硬币验证出来的。这种运用定义的方式教授随机性,是不能很好地培养学生的随机观念的。我认为,让学生先做实验,运用统计的思想通过收集数据、分析数据再做出判断。

具体设计是这样的:先让学生多次掷硬币,计算出现正面的比例(频率),然后用频率来估计一下出现正面的可能性是多大。如果这个可能性接近 $\frac{1}{2}$ 的话,告诉学生通过大量反复的实验就可以推断掷一枚硬币正面或反面出现的概率是 $\frac{1}{2}$,从而得出概率的定义。

我们习惯于先给出定义,然后根据定义去验证或者应用,而对于"逆过来"通过数据来进行推断,往往比较陌生。

同样,有这样一个关于摸球的设计片段:一个袋子里有 5 个球,4 个白球、1 个红球,如果让学生通过摸来验证出现白球的可能性是 $\frac{4}{5}$、出现红球的可能性是 $\frac{1}{5}$,这显然跟上面的效果是一样的。这不是统计。统计应该是这样的,告诉学生们袋子里有很多球,有白颜色的和红颜色的。让学生们去摸，摸到一定程度的时候，学生发现摸出白球的次数比红球的次数多，由此推断袋子里白球可能比红球多。进而还可以通过收集的数据，推断出白球和红球的比例大概是多少。在告诉球的总数的时候，能够估计出来几个白球和几个红球，这才是统计的过程。

所以，我认为，在日常的概率教学中，我们要深入透彻地研究教材，运用统计的思想，通过实验数据频率的分析得出概率的概念，才能有利于帮助学生对这两者有更加深刻到位的理解，从而达到"未见其人，先闻其声"的境界。

让教学实现民主平等

在我听过的课中，有这样三个关于"平方差公式"一课的引入的案例设计：

设计一。

教师：前面我们学习了多项式乘法，今天我们来学习一个乘法公式——平方差公式：$(a + b)(a - b) = a^2 - b^2$ （板书）。

教师：为了正确运用公式，必须对公式的形式特点都有清楚的认识。①这个公式的左边是两个数的和与这两个数的差的积，右边是这两个数的平方差。②左边的两个二项式中有一项 a 完全相同，另一项 b 与 $-b$ 互为相反数。③右边是两个二项式中完全相同的项 a 的平方减去互为相反数的项 b 的平方。④在应用公式时，还要注意字母 a、b 可以表示数、单项式，也可以表示多项式。⑤右边一定是 a 与 b 的完全平方的差，一定不要忽略系数。听明白了吗？

学生：听明白了！

教师：好！下面请同学们利用平方差公式做练习。

教师直接提出这节课要学习的内容——平方差公式，并板书公式。然后把平方差公式左右两边的结构特点，符号特征及各部分所代表的范围及注意事项分了五条逐一向学生做了强调。在确认学生听明白了之后，开始让学生利用平方差公式练习。这是传统的接受式学习的一种典型表现，教师虽然讲解清楚明白，但学生一直是在跟着教师的思路被动地接受知识。

设计二。

教师：前面我们学习了多项式乘法，请同学们回答多项式乘法的法则，并做以下练习。

计算下列各式：

(1) $(x+1)(x-1)$;

(2) $(a+5)(a-5)$;

(3) $(1+2x)(1-2x)$;

(4) $(a+b)(a-b)$。

教师：请同学们观察计算过程和结果，想一想以上两个二项式乘开后是几项？这些项合并后又是几项？这样的结果是什么形式？

学生：$(a+b)(a-b)$乘开后是四项，这些项合并后是两项a^2-b^2，所以最后的结果是平方差的形式。

教师：很好！像这种具有特殊形式的多项式乘法可以作为公式，这就是我们今天要学习的平方差公式。

——教师采用了先做后学的方式，与设计一相比有引导学生探究的愿望，但教师的问题设计以及与学生的对话明显是由教师主导，学生的观察、比较等活动只是在教师划定的思考框架中完成任务，缺乏主动性和创造性，教师还有替代思维，不敢放手的心态。长此以往，学生的主体性会逐渐消失。

设计三。

教师：前面我们学习了多项式乘法，两个二项式相乘，在合并同类项之前应该有几项？

学生：四项。

教师：合并同类项后，积可能是三项吗？请举例。

学生：$(x+3)(x-2)=x^2+x-6$，$(x+y)(3x-2y)=3x^2+xy-2y^2$等。

教师：很好！两个二项式相乘，积可能是二项式吗？

学生议论纷纷，各谈自己的见解。教师组织学生进行小组讨论，学生们马上动脑、动笔，并开始进行交流。

（由于问题给学生留有较大的思维空间，有一定的挑战性，学生的合作、讨论才有内容，不会流于形式。通过学生举出的例子，可以看出学生动了脑子）

学生：$(x+3)(x-3)=x^2-9$，$(2m+n)(2m+n)=4m^2-n^2$，$(3a-5b)$

$(3a-5b)＝9a^2-25b^2$。

教师：从上面的例子可以看出，两个二项式的积可能是二项式。在探索的过程中，你体会到乘式具备什么特征时，积才会是二项式呢？

学生1：乘式的两项中，有一项相同，另一项互为相反数。

学生2：乘式是两个数之和与这两个数之差相乘。

学生3：我认为他们说的都对。

教师：我同意你们的说法，你们从不同角度分析了乘式的特征。让我们再进一步思考一下，为什么具备这样特点的两个二项式相乘，积会是两项呢？

学生：因为积的四项中，出现了互为相反数的两项，合并得零。

教师：很好，观察认真，理由正确。我们再观察一下，它们的积有什么特征？

学生：积等于乘式中这两个数的平方差。

教师：你们用的"这两个数"四个字太好了！这说明你们观察很仔细，表达也很贴切。

在多项式乘法中，对于某些特殊形式的多项式相乘，我们把它们写成公式。再遇到类似的多项式相乘时，可直接运用公式进行计算。如果用a、b表示这两个数，那么这两个数的和与这两个数的差的积，就可以写成公式。你们能将公式写出来吗？

学生：$(a+b)(a-b)＝a^2-b^2$。

教师：非常正确！这就是今天我们要学习的平方差公式。

设计三中可以看出教师为学生创设了发散的、开放的情境，问题的提出给学生留有充分思考和探索的空间，师生之间在交流活动中不断生成新问题，学生的讨论有实质的需要，对话没有流于形式。在师生的平等交流中，不断激活学生的思维，完成了新的教学内容的引入。

这三个案例，较好地体现了我们新课程理念下数学教学中的"民主平等"，也再次让我们体会到著名数学家波利亚说过的这句话："教师在课堂上讲什么当然是重要的，然而学生想的是什么却更是千百倍的重要。"

基于此，我所认为的"民主平等"教学要具有如下特征：

(1)设计注重过程,引导学生在探索中学习。

(2)给学生留有充分思考和探索的空间,并在师生、生生对话中不断创造生成。

(3)把学科知识的学习作为培养和造就学生的可持续发展能力的途径。

让教学能够创造生成

我听过关于《二次根式的乘法》的一节课。

课的引入是教师出示一组练习让学生做，并通过观察、总结很快得出了公式：

$$\sqrt{a} \cdot \sqrt{b} = \sqrt{ab} \ (a \geqslant 0, b \geqslant 0)$$

然后让学生看书、提问题，再做练习，似乎是采用了引导自学的教学方法，教师把学习放给了学生，但课堂气氛不够活跃，学生的学习活动还不够充分。这时，一位正在做题的学生举手提出问题："教师，我又找到一个公式 $\sqrt{|a|} \cdot \sqrt{|b|} = \sqrt{ab} \ (ab \geqslant 0)$，我认为比书上的更加简洁、准确。"一石激起千层浪，到底那一个公式更恰当？ 这位教师没有马上表态，而是说："大家讨论一下吧！"话音刚落，学生们立刻热烈地讨论起来。这个问题也引起了听课教师的兴趣，大家也不禁讨论起来。

此时我观察到学生非常投入，争论得很激烈，很快就在教师的带领下进行了全班性的讨论，课堂气氛非常热烈，最后大家一致得出结论：两个公式都正确，但这位同学的结论更具一般性。教师热情地鼓励了他，全班同学也都表示佩服。这时，这位教师又提出了一个问题："为什么课本上选用的却是第一个公式呢？ 编者是怎样考虑的？"这个问题的提出体现了教师教学的机智，又引发了同学们新一轮、更加深入的讨论。最后学生们意识到在第一个公式中更加强调了二次根式的两个非负性，特别是被开方数的非负性，这正是编者选用它的目的。学生对所学知识有了更深层的认识，为后面处理有关计算奠定了基础。这节课虽然没有按教师预设的过程进行，但因学生的出色表现及教师灵活处理，收到了意想不到的效果。

教学，是教师的教与学生的学的一个交流对话的过程，它强调教学过程

的生成性。张孝达先生指出,教学中,注重获取知识的过程可以培养以下几种非常重要的思维能力:

(1)怎样从实际事物中发现和提出数学问题或者从已知的数学知识中提出新的数学问题的思维能力。

(2)怎样对实际事物或者已有知识分析、综合、概括、抽象,即实现由感性认识向理性认识飞跃得出概念的思维能力。

(3)怎样由得出的概念,选取并综合已有的数学知识进行判断、推理得出原理的思维能力。

这几种思维能力恰恰就是数学家发现数学新规律的思维活动,也是所有科学家发现真理的思维活动,这就是我们当今要培养的创造性能力。如果我们在教学中对此有一种自觉性,那么学生不但能够很好地理解数学知识,把知识学活;而且可以把学生探求新知识的欲望——即爱数学、爱科学的情感培养起来,把探求新知识的方法逐步培养起来。

因此我认为,增强"重视获取知识过程的教学"的自觉性,就一定能把知识学习和思维(包括创造性思维)能力培养统一在教学过程中。这正是新课程教学中所提倡的"创造与生成",也在此印证了那句话:"过程好了,结果不会差;学生主动了,结果会更好。"

让数学成为"游戏"

我们应该有一个基本观点,不是我们教得如何有趣,而是要让学生学得有趣,能够被数学吸引。要让学生学得有趣,先得让学生学会。解决了这个前提之后,后面的做法才会有意义。

比如数的运算,从小学的整数运算扩充到初中的有理数、实数运算,机械反复的训练,让学生感到枯燥,如果把运算融入游戏中,让学生在数学中玩"游戏",是一种十分有效的方式。我以 2012 年在《中小学数学》第 1～2 期曾经发表过的关于《24 点数学活动的做法推介》为例来阐述一下,如何让数学成为游戏。

24 点游戏是一种益智游戏,它能在游戏中锻炼人们的心算,它往往要求人们将 4 个或者 5 个数字进行加减乘除四则混合运算(允许使用括号)求得24。它能极大地激起学生的参与热情,组与组、班与班的对抗竞赛活动超出了我们的预期,学生的口算、心算能力得到了较大提高。

第一阶段:9 月～12 月。

第一课时:活动的目标认定;规则介绍;例题示范;教师随机抽牌及算式的展示。

课题:"24 点数学活动"教案设计

一、活动目标

(1)提高口算、心算能力,培养学生的发散思维及创新能力,发展学生的"数感"。

(2)改变对"扑克"仅是一种娱乐工具的认识。

(3)在活动中学习数学、体会数学。("扑克"还经常出现在更多的数学

知识中)

二、认识规则

我们从最简单的规则开始,对"24点"进行入门学习。

规则一:从一副扑克中,任取一种花色的 13 张扑克牌,A＝1,J＝11,Q＝12,K＝13。洗匀牌后任取 4 张牌,每张牌面上的数字只用一次,再合理选取 ＋、－以及括号(对运算符号、括号的使用没有限制),使运算结果出现"24"。

注 1:很多很多的数组不仅能出现 24 的结果,而且会有多种算式——这正是你有你的巧解,我有我的妙招,培养学生的发散思维及创新能力。有些数组是暂时不能出现 24 的结果——为后续的学习留下悬念;有些数组是永远不能出现 24 结果的——初步锻炼学生的判断意识。

注 2:所以只选取 13 张牌,目的是既给同学们减轻心理压力,又提高 24 点的成功率。提高兴趣,培养同学们的积极、主动参与意识。

三、举例示范

(1) 对下列各数组,至少给出一组 24 点的算式。(欢迎更多答案)

$5,12,13,10$ —— $(10＋5－13)×12$ 。$6,4,8,7$ —— $4×6×(8－7)$ 。
$8,4,5,9$ —— $(5＋9－8)×4$ 。$8,12,13,3$ —— $8×3×(13－12)$ 。

(2)对下列各数组,至少给出两种 24 点的算式。(欢迎更多答案)

$1,3,5,11$ —— $(1＋3)×(11－5)$,$(5－3)×(11＋1)$ 。
$1,2,6,8$ —— $(6－2－1)×8$,$(8÷2)×6×1$ 。
$4,7,8,9$ —— $(7＋8－9)×4$,$9÷(7－4)×8$ 。

(3) 对下列各数组,至少给出三种 24 点的算式。(欢迎更多答案)

$3,7,8,12$ —— $(7＋3－8)×12$,$12÷(7－3)×8$,$(8＋7－3)＋12$ 。
$2,4,8,12$ —— $(8－4－2)×12$,$(12＋2－8)×4$,$2×8＋(12－4)$ 。
$1,6,7,12$ —— $(6＋7－1)＋12$,$(12－7－1)×6$,$(7＋1－6)×12$ 。

(4)下列数组的 24 点算式是错误的。(防止今后出现这样的错误)

$2,4,6,7$ —— $4×6＝24$,错!有两个数"2 和 7"没用上。$7×4－(6－$

2），对！

　　2，3，13，1——$2 \times (13-1) = 24$，错！有一个数"3"没用上。$2 \times 13 + 1 - 3$，对！

　　2，5，8，7——$(2+8)+(5+7)+2 = 24$，错！多用了一次"2"。$(2 \times 5 - 7) \times 8$，对！

四、现场抽牌——看谁算得快、谁出现的算式多！

　　随机抽牌得到的数组，对能出现 24 点算式的尽量多给出算式——激发学生的热情！对大家没有想出算式的暂时先空着。

　　第二课时：学生继续熟悉规则；独立练习——挖掘潜能；交流展示，体验成功。

　　（一）"24 点数学活动"模拟练习（30 分钟）

　　1.对下列各数组，至少给出一组 24 点的算式

　　1，2，3，4 ——　　　　　　3，8，13，12 ——　　　13，8，10，9 ——

　　1，3，12，2 ——　　　　　9，4，1，12 ——　　　　9，12，6，4 ——

　　2.对下列各数组，至少给出两种 24 点的算式

　　6，9，4，10 ——　　　　　10，13，11，9 ——　　　5，2，13，1 ——

　　9，8，6，4 ——　　　　　4，5，2，12 ——

　　3.对下列各数组，至少给出三种 24 点的算式

　　9，4，1，12 ——　　　　　3、7、8、12 ——

　　4.交流展示环节（教师手头上准备部分参考答案如下）

　　"24 点数学活动"模拟练习部分参考答案：

　　（1）下列各数组，至少给出一组 24 点的算式。

　　1，2，3，4 ——$1 \times 2 \times 3 \times 4$。　　　3，8，13，12 ——$3 \times 8 \times (13-12)$。

　　1，3，12，2 ——$(3+1-2) \times 12$。9，4，1，12 ——$4 \times 9 \times 1 - 12$。

　　9，12，6，4 ——$(9-6) \times 4 + 12$。13，8，10，9 ——$13 + 10 + (9-8)$。

　　（2）下列各数组，至少给出两种 24 点的算式。

　　6，9，4，10 ——$6 \times 4 \times (10-9)$，$6 \times 4 \div (10-9)$。

　　10，13，11，9 ——$(13+11) \times (10-9)$，$13 + 11 \times (10-9)$。

$5,2,13,1$ —— $(13-5)\times(2+1)$，$5\times2+13+1$。

$9,8,6,4$ —— $(9-8)\times6\times4$，$9\times(8\div4)+6$。

$4,5,2,12$ —— $2\times12\times(5-4)$，$2\times12\div(5-4)$。

(3)下列各数组，至少给出三种 24 点的算式。

$9,4,1,12$ —— $4\times9\times1-12$，$(9-1)\div4\times12$，$4\times9-12\times1$。

$3,7,8,12$ —— $(7+3-8)\times12$，$12\div(7-3)\times8$，$(8+7-3)+12$。

5.本堂课征集学生的收获、困惑

课后记录：课堂上学生展示的思路灵活，算式形式丰富，可以说调动起了同学们的热情。

如：$1,2,3,4$ —— $1\times2\times3\times4$，$(1+2+3)\times4$，$2\times3\times4\div1$ 等。

第三课时：为学生准备一份趣味题组，巩固练习（30 分钟）；小组之间比赛。

(二)"24 点数学活动"模拟练习

(1)以下是几组"趣味"24 点的练习题，先观察这一系列数组的特点，再研究算式的形式。

$1,2,3,4$—— $2,3,4,5$—— $3,4,5,6$—— $4,5,6,7$—— ……

$1,2,4,5$—— $2,3,5,6$—— $3,4,6,7$—— $4,5,7,8$—— ……

$1,3,4,5$—— $2,4,5,6$—— $3,5,6,7$—— $4,6,7,8$—— ……

(2)仿照第一题的形式，编写几组数据并试着给出算式；或抽牌命题。

小组之间互相命题竞赛！

(3)继续征集学生的收获、困惑。

为答疑做准备。

第四课时：各班仿照练习题中的题型，提供一些题目及答案，然后集中成一份"由学生自己编制的练习题"，班级之间交换使用。提高学生的参与意识、命题意识。

第五课时：对征集的学生收获进行展示；困惑给出答疑。

学生总结的列算式规律：

(1)主体是乘法形式，如 3×8，4×6，12×2 等。

(2)主体是加法形式，如 $20+4$，$15+9$ 等。

(3)如果四个数的和比 24 小,就考虑能否用乘法?

如果四个数的和比 24 大,就考虑能否用减法或除法?

……

对征集的学生困惑进行答疑:

(1)"24 点"游戏的优点是什么?

在娱乐中使用数学,体会数学;老幼皆宜,可自娱自乐,也可竞赛对抗;培养、发展同学们的"数感"—— 对数的认识、感悟能力,提高心算、口算能力;师生共同竞赛时,教师都不一定有优势,学生的能力不可低估——提高学生的学习兴趣;很多时候 4 张牌的数字可得到好几种算式 —— 一题多解! 训练同学们的思维;"24 点"的规则是可以变化的,有适合小学高年级段的,也有适合中学各学段的,灵活性强。

(2)为什么是"24 点",而不是"23 点、25 点"?

答:结果是人为规定的,是可以变换的。只要比赛前大家约定好结果就行。只是 24 点更容易得到的,也更容易探究规律、把握规律!

(3)为什么把该游戏跟 24 联系在一起?

答:因为"24"是我们所定的目标,同时"24"在我们生活中常见、常用:一天有 24 个小时;一年有 24 个节气;一年有 12 个月,两年就有 24 个月;买东西一打是 12 件(只、根),两打就是 24 件(只、根);记年龄 12 年为一旬(12 属相),两旬就是 24 年……

(4)4 张牌的数字一定能出现"24 点"吗?

答:不一定。有些数字组合是不会出现"24 点"的,如"7,9,12,13"等。也有些数字组合只用加减乘除及括号是不会出现"24 点"的,需要用到七、八年级的新知识。以后陆续学习。

(5)这"24 点"对今后解题有什么益处?

答:习惯是养成的。通过对"24 点"的练习,能迅速发现所解题目中数字之间的"亲戚"关系,很快找到感觉,有利于找到解题思路。

(6)用扑克牌玩"24 点"挺顺利,但把牌面数字写在纸上(放弃扑克)后,怎么就找不到感觉了?

答:用扑克牌玩"24 点",可以把牌动起来,直观,操作性强。当面对的是纸上 4 个数字时,抽象性增加,有些困难也正常,但可以在纸面上变动数字的顺序,这就是进步。当眼睛盯着数字,数字的排序在脑海中快速排序,并快速出现 24 点的算式或做出不能出现 24 点的判断,这才是最高境界! 这就是"心算"!

(7)"24 点"的算式中,有没有对使用"括号"有一些特别的规定要求?

答:没有特别的规定。但在展示"24 点"的算式时,会出现以下两种情况:

情况一:"括号"在很多算式中是必需的。

如 2,3,4,8 —— $2 \times 3 \times (8 - 4)$ 或 $(2 + 4 - 3) \times 8$。

情况二:有些算式看起来有无"括号"无所谓,但后面算式恰当地使用"括号",使"24 点"的出现更直观、更利于口算。

如 2,5,7,13 —— $13 \times 2 + 5 - 7$ 或 $13 \times 2 - (7 - 5)$;9,10,12,13 —— $13 + 12 + 9 - 10$ 或 $13 + 12 - (10 - 9)$。

(8)能找一个算式出现结果 24,我们学生就很高兴了,难道一定要进行"一题多解"吗?

答:寻求"一题多解",一是为了充分挖掘数字之间的关系,二是为了训练自己的发散思维,养成习惯,提高能力。有了这些训练后,当面对"请至少给出两种 24 点的算式或请给出三种 24 点的算式"要求时,能应对自如。

结合对"24 点"的思考,我们教师还仿编了一段顺口溜:

小小一把牌,"数感"大舞台;

运算四加一,24 精彩;

灵活有规律,越算越明白。("四"是指四种运算;"一"是指括号)

课后记录:当我们把这一顺口溜展示给学生时,这些十一二岁的孩子们很兴奋,一遍一遍地读,互相检查背诵情况。

第六课时:由于每两周对"24 点"活动一次,这之前五课时就是 10 周,跨时近三个月。虽然还有一些学生存在一知半解,由于后续还有新规则,学生练习、思考、理解的时间还很长。我们在 11 月进行了一次班内竞赛。40 分钟的时间,20 道题。

第二阶段:(在元旦期间发放材料,自学规则、再探究)

24点规则二介绍、应用。24点活动在继续……

规则二：一副扑克，去掉大、小王后剩余52张牌。A＝1，J＝11，Q＝12，K＝13。洗匀牌后任取4张牌，每张牌面上的数字只用一次，再合理选取 ＋、－以及括号（对运算符号、括号的使用没有限制），使运算结果出现"24"。

按照三种题型，自己组题：①对下列各数组，至少给出一组24点的算式。②对下列各数组，至少给出两种24点的算式。③对下列各数组，至少给出三种24点的算式。

第三阶段：在六年级的第二学期，把24点的巩固放在平时的作业中。

活动用的时间较多，但作为一个大型集体活动，我们认为值得：时间充足，参与面广，学生交流充分，在交流中激发出的兴致多，在交流中收获到的感悟多，帮助学生建立起活动的意识。在随后的"探索数字规律活动"，"动手制作活动"等，学生都积极参与。

游戏可以让数学学习变成一种轻松有趣的活动，是学生获得数学内容与思想方法的有效方法之一，可以培养正确的数学态度。游戏不光可以培养学生的好奇心，还可以培养学生养成愿意采取不同的思路、勇于创新的研究态度。

让数学背景成为"故事"

学生在学习数学知识时,如果能够同时了解它的背景故事,可以开阔视野、促进学生对知识的理解和激发他们探求知识的奥秘的兴趣。

比如在学习"无理数"时,介绍"无理数"的由来:公元前500年,古希腊毕达哥拉斯(Pythagoras)学派的弟子希勃索斯(Hippasus)发现了一个惊人的事实,一个正方形的对角线与其一边的长度是不可公度的(若正方形边长是1,则对角线的长不是一个有理数),这一不可公度性与毕氏学派"万物皆为数"(指有理数)的哲理大相径庭。这一发现使该学派领导人惶恐、恼怒,认为这将动摇他们在学术界的统治地位。希勃索斯因此被囚禁,受到百般折磨,最后竟遭到沉舟身亡的惩处。

毕氏弟子的发现,第一次向人们揭示了有理数系的缺陷,证明它不能同连续的无限直线同等看待,有理数并没有布满数轴上的点,在数轴上存在着不能用有理数表示的"孔隙"。而这种"孔隙"经后人证明,简直多得"不可胜数"。于是,古希腊人把有理数视为连续衔接的那种算术连续统一的设想彻底破灭了。学生在了解了这个背景之后,对无理数的意义理解会更加深刻。

比如,在利用三角形相似进行高度测量的研究时,用泰勒斯测金字塔的案例,让学生感受到,顶部不能到达建筑物的测量过程,以更好地研究测量方案。

希腊最古老的哲学家、自然科学家几何学家泰勒斯在看到金字塔在阳光下的影子时,他突然想到测量金字塔的办法。这一天,阳光的角度很合适,它把它底下的所有东西都拖出一条长长的影子。泰勒斯仔细地观察着影子的变化,找出金字塔地面正方形的一边的中点(这个点到边的两边的距离相等),并做了标记。然后他笔直地站立在沙地上,并请人不断测量他的影子的长度。当影子的长度和他的身高相等时,他立即跑过去的测量金字塔影子的顶点到做标记的中点的距离。他稍做计算,就得出了这座金字塔的高度。当他算出金字塔高度时,围观的人十分惊讶,纷纷问他是怎样算出金字塔的高度的。泰勒斯一边在沙地上画图示意,一边解释说:"当我笔直地站立在沙地上时,我和我的影构成了一个直角三角形。当我的影子和我的身高相等时,就构成了一个等腰直角三角形。而这时金字塔的高(金字塔顶点到底面正方形中心的连线)和金字塔影子的顶点到底面正方形中心的连线也构成了一个等腰直角三角形。因为这个巨大的等腰直角三角形的两个腰也相等。"他停顿了一下,又说:"刚才金字塔的影子的顶点与我做标记的中心的连线,恰好与这个中点所在的边垂直,这时就很容易计算出金字塔影子的顶点与底面正方形中心的距离了。它等于底面正方形边长的一半加上我刚才测量的距离,算出来的数值也就是金字塔的高度了。"这个背景可以做成视频播给学生看,看完了这个过程,顶部不能达到的建筑物的测量方法也便在这个背景故事中很自然地被学生掌握,并可以应用到实际生活中。

我们教师应该具有广博的专业知识,做好数学背景知识的积累,不要只停留在强调数学的严谨性和抽象性,应当认识到背景知识教学的重要性,有效发挥数学知识背景的教育功能,全面理解和把握数学的知识体系,提高教学水平,让数学教得更有趣。

让数学成为"过程"
——《用公式法解一元二次方程》教学设计

数学教学应当重视学生的已有"经历",让学生在"学数学""玩数学""用数学"的愉快氛围中充分"经历"数学学习活动的全过程,并体验到数学学习活动充满的挑战性、探索性和创造性,在增长知识、发展能力的同时,经历终身受益的、丰富的"数学过程"。下面我以曾获 2016－2017 全国"一师一优课"部级优课的一节教学设计为例,谈一下如何让数学成为过程。

用配方法推导一元二次方程的求根公式,提供了解一元二次方程的具有一般性的直解法,便于操作,便于使用,更重要的是在这一过程中,所体现的由特殊到一般、由具体到抽象的具有数学思维特征的通法,可以有效地提高学生推理能力和运算能力。

而公式法是解一元二次方程的基本方法,它利用了配方法解一元二次方程一般形式的结果,省略了配方过程,计算更加直接,且具有普适性。

为了更好地把握学情,让学生能够更加有的放矢地经历过程,在课前,我对本校九年级已经学过一元二次方程求根公式的学生做了调查。调查的内容如下:

(1)调查对象:已经学过一元二次方程求根公式的九年级学生。

(2)调查内容:用配方法推导一元二次方程的求根公式。

(3)调查人数:72 人。

(4)调查结果:推导过程完全正确的有三人,而其他同学均有不同程度的错误。其中,①配方出现错误的有 13 人。②对 $b^2 - 4ac$ 未进行讨论的有 61 人。③分式计算出错 21 人。④二次根式化简出错 21 人。

通过调查的结果及对学生的访谈,普遍认为推导过程中字母太多,运算量太大,一元二次方程的求根公式结构太复杂,不便于记忆,主要靠死记硬背。

同时,学生通过直接开平方法、配方法解一元二次方程的学习,对于降次化归的理论依据(开平方)以及基本思路(将一元二次方程转化为两个一元一次方程)已比较熟悉。这节课需要借助学生已有的配方经验,从具体到抽象,得到一元二次方程一般形式的解,即求根公式。但学生对一般形式的一元二次方程的配方过程存在一定困难,由于之前教学缺乏对分类思想的渗透,且求根公式的推导面临字母系数,将使这里的分类讨论成为学生学习的一个难点。

在用配方法进行公式推导时,忽视对 $b^2 - 4ac$ 取值的讨论是学生的易错点,此讨论又是分类思想的渗透,判别式的应用也在此得以体现。部分学生对为什么要用公式法解一元二次方程理解不够深刻,导致后续过程中直接套用公式的现象。基于以上的学情把握,我对这节课做了如下设计。

一、教学设计

课题:

用公式法解一元二次方程。

教学目标:

(1)通过经历探索一元二次方程求根公式的推导过程,培养理性精神。

(2)会用公式法解简单的数字系数的一元二次方程,培养缜密严谨的思维品质。

(3)在公式推导中了解根的判别式、根与系数的关系,增强概括性、严密性、思想性的数学素养。

教学重点:

(1)一元二次方程求根公式的推导过程。

(2)用公式法解一元二次方程。

教学难点:

一元二次方程求根公式的推导过程。

二、教学过程

（一）情境激趣、课前热身

1. 教师（活动1）

在对比配方法解一元二次方程解法的同时给学生呈现一个专门用来解一元二次方程的计算器，只要输入一元二次方程的二次项系数，一次项系数和常数项就可以直接得到方程的根。引发学生思考这个解方程的工具的奥妙在哪里。其奥妙就在我们学的这节课的内容里。

2. 学生（活动1）

学生兴趣盎然，自编方程，尝试计算器的奥妙与神奇。

3. 设计意图（活动1）

通过神奇的计算器，激发学生研究学习本节课的热情。

（二）复习回顾、提出问题

1. 教师（活动2）

请用配方法解下列方程：

$x^2+6x+9=0$；

$2x^2+1=3x$；

$3x^2-6x+4=0$。

思考：通过解方程，比较三个方程的根有什么不同，是什么导致了根的不同？如何不解方程就能判断出根的不同？

2. 学生（活动2）

学生三人上黑板每人解答一道，其余学生在练习本上计算。一学生通过自己解的方程带领大家复习配方法解一元二次方程的步骤。

观察所解三个方程的根的情况，发现有两个相等实数根、两个不等实数根和没有实数根；系数发生了变化，根就发生了变化。

从配方右边的结果可以看出根的不同。

3. 设计意图（活动2）

通过解方程，回顾用配方法解一元二次方程的步骤，为推导求根公式做方法的铺垫；发现根的特点的不同，探求系数不同，导致根的不同；启发从配方的结果，结合平方根的定义，发现根的不同，为求根公式推导过程中，对 $\dfrac{b^2-4ac}{4a^2}$ 的讨论，做好铺垫。

（三）自主探究、排难解惑

1.教师（活动3）

数字系数能够用配方法解决，换成字母系数，我们还能用配方法解决吗？

$ax^2 + bx + c = 0 \ (a \neq 0)$

引导学生返回到开始所解三个方程，观察这三部分，发现配方后的右边其实是有三种情况的，而这三种情况决定了后续根的情况。引导学生思考 $\dfrac{b^2 - 4ac}{4a^2}$ 的正负是需要讨论的。

$$\left[\left(x - \dfrac{3}{4}\right)^2 = \dfrac{5}{16} \ ; \ (x - 1)^2 = -\dfrac{1}{3} \right]$$

2.学生（活动3）

学生尝试用配方法解含有字母系数的一元二次方程，一学生到黑板上展示解题的过程。

通过该生的展示，受前面解三个方程时的发现的启发，对 $\dfrac{b^2 - 4ac}{4a^2}$ 展开分类讨论。

（四）交流归纳、揭示新知

1.教师（活动4）

(1)根的存在性：①类比刚才学生对三个方程根的不同的比较，引导学生发现 $\dfrac{b^2 - 4ac}{4a^2}$ 需要分类讨论。②在分类谈论的基础上，发现 $b^2 - 4ac$ 是判断根的情况的依据。引导学生发现通过 $\triangle = b^2 - 4ac$ 判断根的情况的方法。

当 $\triangle > 0$ 时，一元二次方程 $ax^2 + bx + c = 0$ 　　$(a \neq 0)$有两个不等的实数根。

当 $\triangle = 0$ 时，一元二次方程 $ax^2 + bx + c = 0$ 　　$(a \neq 0)$有两个相等的实数根。

当 $\triangle < 0$ 时，一元二次方程 $ax^2 + bx + c = 0$ 　　$(a \neq 0)$没有实数根。

（后续会深入研究，只推导出结论。）

(2)推导出求根公式，归纳使用公式法解一元二次方程的步骤。

求根公式如下：

一元二次方程 $ax^2 + bx + c = 0$ （$a \neq 0$），当 $b^2 - 4ac \geqslant 0$ 时，它的根

是：$x = \dfrac{-b \pm \sqrt{b^2 - 4ac}}{2a}$

即 $x_1 = \dfrac{-b + \sqrt{b^2 - 4ac}}{2a}$　$x_2 = \dfrac{-b - \sqrt{b^2 - 4ac}}{2a}$

2. 学生（活动 4）

类比刚才对三个方程根的不同的比较，发现 $\dfrac{b^2 - 4ac}{4a^2}$ 需要分类讨论。

在分类谈论的基础上，发现 $b^2 - 4ac$ 是判断根的情况的依据，发现通过

$\triangle = b^2 - 4ac$ 判断根的情况的方法。

推导出求根公式。

归纳出公式法的步骤。

3. 设计意图（活动 4）

按照类比－探究－归纳的模式来设计，使学生建立配方法与求根公式法的内在联系，让学生亲身体会公式推导的全过程，并在得到求根公式过程中，感悟化归思想和分类讨论思想。

通过学生出错点的讨论突破难点，渗透分类思想，并突出判别式 $\triangle = b^2 - 4ac$ 对一元二次方程根的情况判别的重要性。同时得到一元二次方程 $ax^2 + bx + c = 0$ 有根时的求根公式及归纳解题步骤。

培养学生的理性精神。

通过对求根公式的分析，丰富了公式的内涵，明确了公式的结构、性质和功能，使学生能更加深刻的理解公式，突出教学重点。

4. 教师（活动 5）

请用公式法解下列方程：

$x^2 + 6x + 9 = 0$；

$2x^2 + 1 = 3x$；

$3x^2 - 6x + 4 = 0$。

教师巡视过程中，用 QQ 同步上传图片的方式拍摄学生出现的各种资源。

5.学生(活动5)

三名学生到黑板上展示解题过程。

所有同学比较公式法与配方法的优势与不足,找到不同类型的题目更简单的解决方程求根的方法。

6.设计意图(活动5)

熟练掌握用求根公式解一元二次方程。类比配方法,找到公式法与配方法的优势与不足,为下一步解法优化选择做铺垫,培养学生思维严谨。

(五)情景揭示、再探新知

1.教师(活动6)

揭示开始展示的计算器的奥秘,换上字母系数的方程与呈现公式的根的存在状态,让学生感悟到计算器的原理就是程序里编了一求根公式。

2.学生(活动6)

找到计算器解一元二次方程的奥秘所在,加深对求根公式的理解和认识。

3.设计意图(活动6)

通过计算器展示含有求根公式的程序,加深学生对求根公式的理解和认识。

(六)巩固练习、拓展提升

1.教师(活动7)

(1)用合适的方法解一元二次方程:

$x^2 - 7x - 18 = 0$;

$9x^2 + 6x + 1 = 0$。

(2)编一组不同类型的一元二次方程,你能编几种?

(3)发现韦达定理:

观察求根公式中,方程两根的异同,求两根的积与两根的和,有什么发现?($x_1 + x_2 = --\dfrac{b}{a}$;$x_1 x_2 = \dfrac{c}{a}$)

2.学生(活动7)

学生选择自己认为比较简单和喜欢的方法解方程。第(2)题,配方法更加简单。把编的题目分类,对比根的不同,进行求和与求积,发现韦达定理。

3.设计意图(活动7)

通过学生选择不同的方法求解方程,进一步巩固配方法和公式法解一元二次方程的方法,并且在方法的选择上根据解法的特点实现最优化。

编题是为了让学生加深对根的存在性的理解,通过思维的逆向体会 $b^2 - 4ac$ 与根的关系,进一步强化求根公式、根的情况与一元二次方程的系数的联系,为下一节做好铺垫。同时,让学生了解数学家韦达《论方程的识别与订正》等相关世界数学史。

(七)盘点收获、布置作业

1.教师(活动8)

在学生盘点收获的基础上教师进一步归纳并用结构图的方式呈现:配方法是推导一元二次方程求根公式的基础,求根公式不仅帮助我们解决了根的存在性问题、根的求法,同时也向我们揭示了根与系数的内在联系,这为后续学习奠定了基础。

2.学生(活动8)

学生自主梳理本节课的收获,分别从知识方法和思想三个层面去谈。

3.设计意图(活动8)

在师生共同盘点收获中,让学生明确一根主线:配方法是推导一元二次方程求根公式的基础,求根公式不仅帮助我们解决了根的存在性问题,根的求法,同时向我们揭示了根与系数的内在联系,这为后续学习奠定了基础。

4.布置作业

基础型作业:

(1)分析求根公式推导过程中,出现的典型错例,提出修改建议。

(2)完成课本 P63 习题8.6 第1,2题;P80 页习题2(1)(4)。

提升型作业:

关于一元二次方程 $mx^2 + (m+1)x + \dfrac{1}{4}m = 0$,m 取何值时,方程有实数根?求出实数根。

拓展型作业:

阅读《古代数学家对一元二次方程的贡献》。

5.作业、设计意图

作业分层设计，满足不同层次学生提升的需要，特别通过拓展性作业，加深学生对中国数学家的了解，培养学生的爱国主义精神。

让学生在玩数学、做数学、用数学中，丰富学生的经历，让数学的学习成为过程。总有一天，我们的学生会离开校园、走上社会，一些诸如数学公式、法则、性质等数学知识几乎没有应用的机会，或许他们会很快忘记这些纯数学知识。然而，不管他们从事什么工作，那些在丰富的数学经历中铭刻在头脑中的数学思想方法、数学精神及价值观，却一定会长期在他们的生活发挥重要作用。

让数学更加直观

几何直观是《数学新课程标准》中新增的核心概念之一。"课标"指出："几何直观是指利用图形描述和分析问题。借助几何直观可以把复杂的数学问题变得简明、形象,有助于探索解决问题的思路,预测结果。几何直观可以帮助学生直观地理解数学,在整个数学学习过程中都发挥着重要作用。"因此无论是在"图形与几何"领域的学习还是在其他领域的学习中,都应重视几何直观的培养。

借助图形描述事物,就可以把抽象的问题直观化,使人们更容易了解其内在的性质和规律;另外,利用图形还可以找到解决问题的途径和方法。反过来,能否恰当地用图形描述对一个抽象的问题的理解,也是检验对事物认识或对知识理解与否的一种方式。

下面,我就以首都师范大学刘晓玫教授曾经列举的这两个案例,来阐述一下我们在教学中对几何直观能力培养的思考。

案例1:

这是一节圆周角的起始课,引入概念,剖析定义中的关键词、探索并证明圆周角定理……一切进行得比较顺利。在巩固概念的环节,教师的一道看似平常的小题,却让初次认识圆周角的一名学生不知所措了。

教师出示问题:

已知:如图1,$\angle AOB = 100°$,问 $\angle ACB$ 的度数。

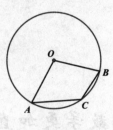

图1

问题出示片刻后,教师开始提问,下面就是一个学生的回答。

学生:∠ACB=50°。

学生的回答似乎验证了教师出示此题目的意义,也给了教师进一步提问和阐释的机会。

教师:"这个角是什么角?它与已知角是什么关系?找一找,和它在同一弧上的圆心角是哪个角呢?那你知道这个角是多少了吗?"

在教师的引导下,学生终于找到了要求的角与已知角的关系,并求出了这个角的度数。

在上面的这个教学片段中,学生由于对圆周角的概念还不十分熟悉,所以,认为所求的角与已知的角是同弧上的圆周角和圆心角的关系。对这个问题的错误回答反映出了学生初学概念时理解上出现的问题。教师对学生的引导也是对概念的进一步巩固。然而,在解答学生出现问题的过程中,不知教师们是否感觉到还缺少些什么?学生对该角大小的回答只是考虑了刚刚学过的圆周角与圆心角的关系,教师的回答也是仅仅从定义和两个角的关系这些角度考虑的。

从直观上看,所求的角的大小与50°有多么大的差距啊!学生们为什么在下结论前没有注意到这一点?而我们的教师也忽略了这样一个指出错误的显而易见的理由。如果学生不是视图形的特征而不顾,他应该不会把那样一个角说成是50°。但遗憾的是,教师对图形的直观作用也视而不见,师生双双被定义和逻辑束缚了手脚。

案例2:

人教版教材利用数轴帮助学生认识和理解有理数的加法,这是几何直观的一种应用方式,而我看到北师大的新世纪数学实验教材中也阐述了一种几何直观的应用方式。

如果我们用1个 ⊕ 表示 + 1，用1个 ⊖ 表示 − 1，那么 ⊕⊖ 就表示0。同样，⊖⊕ 也表示0。

(1) 计算(− 2) + (− 3)。

在方框中放进2个 ⊖ 和3个 ⊖：

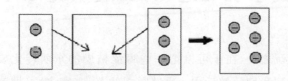

因此，(− 2) + (− 3) = − 5。

图 2

(2) 计算(− 3) + 2。

在方框中放进3个 ⊖ 和2个 ⊕，移走所有的 ⊖⊕。

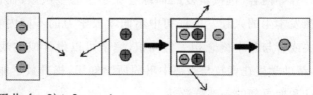

因此，(− 3) + 2 = − 1。

图 3

这种编排的出发点，都是希望能够借助图形等直观的方式帮助学生更好地理解相应的课程内容，同时，也在向学生展示着如何利用图形说明一个问题或一个道理。

"课标"(实验稿)中明确了"空间观念"核心概念，而在"课标"(修改稿)中增添的"几何直观"这个核心概念，将对人们对"图形与几何"的学习目标的认识带来不一样的理解。除推理能力(包括演绎推理和合情推理)外，我们对几何课程价值的理解又有了更深刻的认识。

让数学展现魅力：让数学变得好玩

数学的好玩之处，在于可以把一些晦涩枯燥的东西转化成游戏并作为一种工具引入到我们的教学中。通过图文并茂、丰富多彩、即时反馈的学习环境，数学游戏可以促进教学方式与学习方式的转变。

由于游戏具有群体参与性，每个学生都是游戏中的成员，都要有竞争的意识，因此可以调动每位学生的积极性。并且游戏的结果——胜负，当场可以显示，因此能让不同层次的学生获得不同的情感体验。如关于基本的概念及数字计算等内容，机械重复的训练会让学生心生厌烦；而设计成游戏，就会大大激发学生的兴趣。依据初中不同学段学习的不同内容，那些与数字计算相关或者与基本概念相关的知识，完全可以设计成游戏用另外一种方式呈现，帮助学生在竞技与兴趣中巩固所学知识，提升数学能力。我摘录了平时设计和搜寻到的一部分游戏。

一、数字计算类游戏

游戏规则：题目设计分高、中、低三个档次，分值分别设为 5 分、3 分、1 分。

游戏胜负：得分高低判断胜负，高的一方获胜。

游戏时长：3 分钟或者 3 分钟内小组主动暂停时的分值为准。

游戏赛制：6 支队伍，两两 PK，获胜的 3 支队伍进入决赛决出 1，2，3 名，淘汰的 3 支队伍进入败者组决出第 4 名。

游戏注意事项：① 得分高低决定胜负。②. 每按钮只能按一次。③ 任何人不得看其他组的进行过程，更不得干扰其他组的进程，否则直接淘汰。

游戏流程：① 抽签选题，每组每次只能选一个档次。② 游戏负责人单独对 6 组组长宣贯游戏规则,游戏规则只讲两遍,考验队长的理解能力,传达能力和领导能力。③ 两分钟团队讲述规则的时间,比赛随即开始。④ 教师拥有最终判断权。

游戏荣誉:决出 1,2,3,4 名,获得相应的积分。

游戏的题目分高、中、低三个档次。只要让学生掌握的知识,都可以这样设计成游戏题目,下面是一些游戏卡片的展示。

游戏规则:把结果相同的两个数连起来。

表一 分数的乘法连连学游戏

$\frac{1}{3} \times 0$	16	0	$\frac{4}{25} \times 100$
$9\frac{9}{16}$	$17 \times \frac{9}{16}$	$\frac{5}{2}$	$(\frac{3}{4} + \frac{5}{8}) \times 32$
$\frac{5}{4} \times \frac{1}{8} \times 16$	$\frac{1}{5} + \frac{2}{9} \times \frac{3}{10}$	$\frac{3}{5}$	$\frac{5}{9}$
44	$\frac{2}{3} \times \frac{9}{10}$	$\frac{4}{5}$	$\frac{5}{9} \times \frac{3}{4} + \frac{5}{9} \times \frac{1}{4}$

表二 分数的除法连连学游戏

$\frac{8}{9} \div 4$	$\frac{4}{5}$	$\frac{1}{2}$	$\frac{3}{8} \div \frac{9}{16}$
$\frac{3}{4} \div \frac{7}{8} \div \frac{15}{14}$	4	$(\frac{4}{9} + \frac{2}{15}) \div \frac{2}{15}$	$\frac{2}{9}$
$\frac{3}{20} \div 0.2 \times \frac{2}{3}$	$\frac{2}{3}$	$\frac{13}{3}$	$x \div \frac{2}{9} = \frac{6}{7}$
$\frac{3}{4}x \div \frac{1}{6} = 18$		$\frac{5}{8}x = 15$	24

表三 有理数的运算连连学游戏

$0 \div (-2)$	$-10 + 10$	-4	$-\lvert -10 \rvert$
20	0	3	$\lvert -3 \rvert$
-7×0	4×5	-10	$\lvert -3 \rvert \times 6$
18	0	$\lvert 1 \rvert - 5$	0

表四 幂的运算连连学游戏

$a^m a^n$	1	a^{mn}	$(a^m)^n$
a^9	$(a^2)^3$	5^0	4
a^{m+n}	$a^3 a^6$	$6ab^2 \div ab$	a^6
$6b$	2009^0	1	0.5^{-2}

表五 解一元二次方程连连学游戏

$x_1 = x_2 = \dfrac{1}{2}$	$x_1 = x_2 = -2$	$x^2 = 3$	$x^2 + \dfrac{2}{3}x + \dfrac{1}{9} = 0$
$x_1 = 1$ $x_2 = 1$	$x^2 - 2\sqrt{2}x + 2 = 0$	$x_1 = \sqrt{3}$ $x_2 = -\sqrt{3}$	$x^2 = 1$
$x^2 - \dfrac{1}{4}x + \dfrac{1}{4} = 0$	$x_1 = 3$ $x_2 = 3$	$(x - \sqrt{2})^2 = 0$	$x_1 = x_2 = \sqrt{2}$
$x_1 = x_2 = \sqrt{2}$	$x_1 = -\dfrac{1}{3}$ $x_2 = -\dfrac{1}{3}$	$(x-3)(x+3) = 0$	$x^2 + 4x + 4 = 0$

表六　根与系数的关系连连学游戏

$x_1+x_2=4$ $x_1x_2=4$	$x_1+x_2=0$ $x_1x_2=-0.5$	$x^2=4$	$x^2-9=0$
$x_1+x_2=\dfrac{1}{2}$ $x_1x_2=\dfrac{1}{16}$	$x^2-4x+4=0$	$x_1+x_2=0$ $x_1x_2=-4$	$x^2=\dfrac{1}{16}$
$x^2=\dfrac{1}{4}$	x_1+x_2 无 x_1x_2 无	$3x^2+1=0$	$x_1+x_2=0$ $x_1x_2=-9$
$x_1+x_2=0$ $x_1x_2=-\dfrac{1}{4}$	$x_1+x_2=0$ $x_1x_2=-\dfrac{1}{16}$	$2x^2-1=0$	$x^2-\dfrac{1}{2}x+\dfrac{1}{16}=0$

这类游戏训练可谓"投其所好",学生喜欢玩游戏,为了赢,必须要会算快算,兴趣是最好的教师,当我们非常希望得到某件东西时,会全力以赴,情愿去做。学生只要主动练习,计算的问题就解决了。一件事情只要情愿去做,一定会变得越来越简单。

二、概念类游戏

表七　绝对值、相反数、倒数连连学游戏

4 的相反数	-1	-1	1 的相反数
$|6|-|8|$	0.1 的相反数	-0.1	5 的倒数
$-|6|-|8|$	-1 的倒数	-2	0.2
0	-9	$|0|$	-4

表八 求单项式和多项式的次数连连学游戏

1	2	$-x-y-z$	ab
$1-x^3$	3	$-xy+x^2$	1
$7-\dfrac{1}{4}x$	1	2	$m+n$
3	$9xy$	abc	2

表九 有效数字连连学游戏

2	-1.1×10^6	-0.020	3
4.002	2	5.18×10^3	3
3	100	-64.3	5
4	4	23.00	101.01

表十 找同类二次根式连连学游戏

$\sqrt{21}$	$\sqrt{23}$	$\sqrt{84}$	$\sqrt{5}$
$\dfrac{\sqrt{2}}{2}$	$\sqrt{50}$	$\dfrac{\sqrt{7}}{3}$	$\sqrt{18}$
$\sqrt{92}$	$\sqrt{7}$	$\sqrt{125}$	$\sqrt{20}$
$\dfrac{\sqrt{60}}{\sqrt{3}}$	$\sqrt{2}$	$\sqrt{28}$	$\dfrac{\sqrt{21}}{\sqrt{3}}$

表十一　三角函数连连学游戏

$\dfrac{a}{b}$	tan30°	cos45°	1
$\dfrac{\sqrt{2}}{2}$	1	sin45°	$\dfrac{\sqrt{2}}{2}$
tanA	sinB	$sinA\ \dfrac{1}{cosB}$	$sin^2A+cos^2A=1$
$\dfrac{\sqrt{3}}{3}$	tan45°	1	$\dfrac{b}{c}$

这是卡片的呈现。实际操作时,完全可以通过程序,设计各种不同的按钮,给予各种不同的提示,模拟竞赛闯关的方式。

这类游戏训练,学生愿意做。只要愿意做一切问题都不是问题。学生只要喜欢玩这个游戏,或者他们团队意识特别强,他们必须要记忆这些数字。一旦专注投入,在不经意中就记忆尤深。

三、神奇的三角形数的游戏

1.三角形数的游戏

古希腊著名的毕达哥拉斯学派把 $1,3,6,10\cdots\cdots$ 这样的数称为"三角形数",而把 $1,4,9,16\cdots\cdots$ 这样的数称为"正方形数"。从下图中可以发现,任何一个大于1的"正方形数"都可以看作两个相邻"三角"。

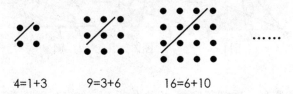

4=1+3　　9=3+6　　16=6+10　　……

A. $13 = 3+10$　　B. $25 = 9+16$　　C. $36 = 15+21$　　D. $49 = 18+31$

2.发现规律

(1)一条直线上有两个点,有一条线段,有三个点呢?有 4 个点呢?有 n 个点呢?

(2)已知平面内的三点,过其中任意两点画直线,可以最多画几条?四点呢?n 点呢?

(3)两条直线相交于一点,三条直线最多有几个交点?四条呢?n 条直线两两相交,最多相较于几点?

(4)平面内从点 O 引一条射线,没有角;引两条射线有一个小于平角的角;三条呢?四条呢?n 条呢?

探究发现这三个问题全与三角形数有关,它们的最终结果都是 $\dfrac{1}{2}n(n-1)$。

3.解决问题

设 $\triangle ABC$ 的面积为 1。如图1,分别将 AC,BC 边 2 等分,D_1,E_1 是其分点,连接 AE_1,BD_1 交于点 F_1,得到四边形 $CD_1F_1E_1$,其面积 $S_1=\dfrac{1}{3}$;如图2,分别将 AC,BC 边 3 等分,D_1,D_2,E_1,E_2 是其分点,连接 AE_2,BD_2 交于点 F_2,得到四边形 $CD_2F_2E_2$,其面积 $S_2=\dfrac{1}{6}$;如图3,分别将 AC,BC 边 4 等分,D_1,D_2,D_3,E_1,E_2,E_3 是其分点,连接 AE_3,BD_3 交于点 F_3,得到四边形 $CD_3F_3E_3$,其面积 $S_3=\dfrac{1}{10}$;……

按照这个规律进行下去,若分别将 AC,BC 边 $(n+1)$ 等分,得到四边形 $CD_nE_nF_n$,其面积 $S=$ _____。

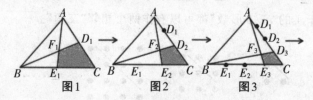

图1   图2   图3

4.分析

如果研究图形一看就很麻烦,但当你看到 3,6,10 这几个数就应该明白分母是一组三角形数,只要弄明白 S 的下标与 AC、BC 的几等分的关系就能很轻松地得到答案 $S_n=\dfrac{2}{(n+1)(n+2)}$。

通过这类题目的积累训练,学生能积累数字经验,看到就能利用经验快速解决问题。再如,我们还可以让学生积累几组旁边数,$2n+1$,$2n-1$,自然数的完全平方$+1$,-1。经验越丰富,数感越强,相关的规律题做起来就越简单。

四、逻辑推理类的数学游戏

表十一　请问芳龄

表一	1 3 5 7 9 11 13 15 17 19 21 23 25 27 29 31

表二	2 3 6 7 10 11 14 15 18 19 22 23 26 27 30 31

表三	4 5 6 7 12 13 14 15 20 21 22 23 28 29 30 31

表四	8 9 10 11 12 13 14 15 24 25 26 27 28 29 30 31

表五	16 17 18 19 20 21 22 23 24 25 26 27 28 29 30 31

甲学生拿出上面五张卡片,问乙生:"那几张卡片上有你的年龄?"乙生看过后说:"表一,表二,表三,表四上都有,而表五没有。"请问甲生能够马上知道乙生的年龄吗?事实上只要乙生的年龄不超过 31 岁都可以利用上述问法而解决,你知道为什么吗?

表十二　2000 年的神秘字盘

130	280	220	240	300	150	260	90	230	170
70	220	160	180	240	90	200	30	170	110
260	410	350	370	430	280	390	220	360	300
220	370	310	330	390	240	350	180	320	260
40	190	130	150	210	60	170	0	140	80
90	240	180	200	260	110	220	50	190	130
200	350	290	310	370	220	330	160	300	240
60	210	150	170	230	80	190	20	160	100
50	200	140	160	220	70	180	10	150	90

110	260	200	220	280	130	240	70	210	150

玩法：

（1）在第一列中任选一数字，并划掉或以纸张盖住同一行以下所有数字。

（2）在第二列没有被划掉的九个数字中任选一个，并再划掉或以纸张盖住同一行以下的所有数字。

（3）依此类推，直到每一列都选好一个数字为止（共十个数字）。

（4）将这十个数字加起来，看看总和是多少？

不管你如何挑选数字，最后的数字总和都相同（是多少呢？），究竟是为什么呢？

表十三　2000 年的神秘字盘之原理

130	280	220	240	300	150	260	90	230	170
70	220	160	180	240	90	200	30	170	110
260	410	350	370	430	280	390	220	360	300
220	370	310	330	390	240	350	180	320	260
40	190	130	150	210	60	170	0	140	80
90	240	180	200	260	110	220	50	190	130
200	350	290	310	370	220	330	160	300	240
60	210	150	170	230	80	190	20	160	100
50	200	140	160	220	70	180	10	150	90
110	260	200	220	280	130	240	70	210	150

以浅灰色行与列作为坐标轴，而其余数字是由其 x 坐标和 y 坐标相加，譬如：深灰色格 240 是由 x 坐标 210 和 y 坐标 30 相加而成。相加，譬如：深灰色格 240 是由 x 坐标 210 和 y 坐标 30 相加而成。浅灰色坐标轴上所有数字和为 2000，因此按照此游戏规则选出的十个数字相加即等于 2000。浅灰色坐标轴上所有数字和为 2000，因此按照此游戏规则选出的十个数字相加即等于 2000。

逻辑思维，又称抽象思维，是思维的高级形式，其特点是以抽象的概念，判断推理作为思维的基本形式，以分析、综合、比较、抽象、概括抽象具体化作为思维的基本过程。通过这类题的训练培养学生分析、综合、比较、抽象、概括抽象的能力。

五、数学递推类的数学游戏

1.奇妙的整数集合

{ 1,3,8,120 }是个很奇妙的整数集合。

$1 \times 3 = 2^2 - 1$；

$1 \times 8 = 3^2 - 1$；

$1 \times 120 = 11^2 - 1$；

$3 \times 8 = 5^2 - 1$；

$3 \times 120 = 19^2 - 1$；

$8 \times 120 = 31^2 - 1$。

结论:任意两数的乘积都等于质数的平方减1。

通过这类题的练习,可以培养学生由特殊到一般的思维能力,从简单到复杂的观察能力和不完全归纳能力,积累数感经验。

2.数字对调,乘积不变

(1)观察下列两个等式有何规律?

①12 ×42＝21 ×24 ;②13 ×62＝31 ×26。

(2)利用你所发现的规律,再写出 3 个类似的等式(两数皆为两位数)。

(3)若两数皆为两位数,请说明满足此规律的等式的条件,并列出所有满足此规律的等式。

解答 :

(1)两数皆十位数字与个位数字对调 ,但乘积不变。

(2)①12 ×63＝21 ×36;②12 ×84＝21 ×48;③14 ×82＝41 ×28。

(3)设左边两数为 $10a+b$、$10c+d$,

则右边对调后两数为 $10b+a$、$10d+c$。

$(10a+b)(10c+d)＝(10b+a)(10d+c)$。

$100ac+10(ad+bc)+bd＝100bd+10(ad+bc)+ac$。

$99ac＝99bd$ 。

$ac＝bd$。

当 $ac＝bd＝4$ 则 $12 ×42＝21 ×24$

当 $ac=bd=6$ 则 $12×63=21×36$ 、$13×62=31×26$

当 $ac=bd=8$ 则 $12×84=21×48$ 、$14×82=41×28$

当 $ac=bd=9$ 则 $13×93=31×39$

当 $ac=bd=12$ 则 $23×64=32×46$ 、$24×63=42×36$

当 $ac=bd=16$ 则 $24×84=42×48$

当 $ac=bd=18$ 则 $23×96=32×69$ 、$26×93=62×39$

当 $ac=bd=24$ 则 $34×86=43×68$ 、$36×84=63×48$

共有 13 种！

通过这类题目的训练,让学生学会用字母表示数,体现数学的简洁美。在用一种情况说不清时,要分类。学生还要学会分类思想。

六、图形变化类的数学游戏

1. 如何切割拼出正方形

(1)问题一:$3×6$ 的长方形中(灰色的两格代表空格),如何将剩余的 16 格切割成两个部分,使这两个部分能拼出 $4×4$ 的正方形?

解答:$3×6$ 方格解答,如图1。

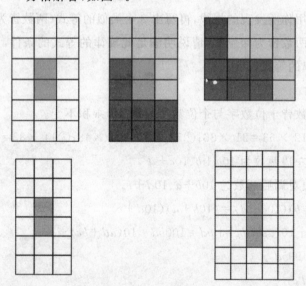

图1

（2）问题二：5×8 的长方形中（灰色的四格代表空格），如何将剩余的 36 格切割成两个部分，使这两个部分能拼出 6×6 的正方形？

解答：5×8 方格解答，如图 2。

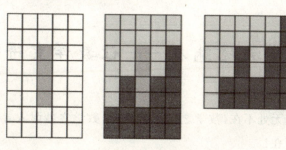

图 2

（3）问题三：7×10 的长方形中（灰色的六格代表空格），如何将剩余的 64 格切割成两个部分，使这两个部分能拼出 8×8 的正方形？

解答：7×10 方格解答，如图 3。

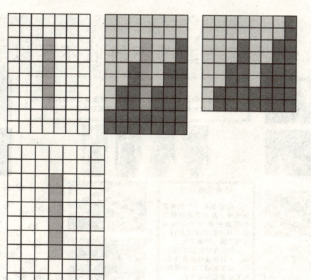

图 3

这类游戏可以培养学生空间想象能力，动手能力，发散思维能力，创新能力。

让数学展现魅力——让数学变得幽美

数学之美无处不在,数学之巧不言而喻,数学之妙耐人寻味,这正是数学的幽美之所在!

数学的幽美总是静静的、悄悄的、优雅的、美妙的存在!不用大张旗鼓的宣传,从宏观到微观,从生活到大自然,上天入地都少不了数学的幽美!

一、自然界的幽美让人心驰神往

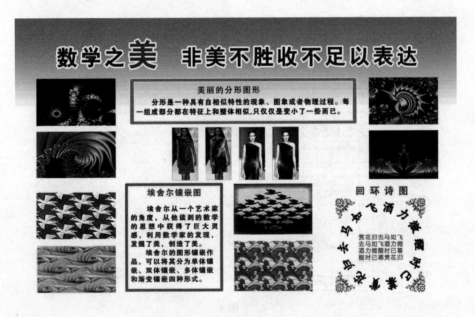

图1

数学之美 非美不胜收不足以表达

黄金五角星

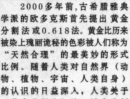

黄金矩形

黄金分割之美

2000多年前，古希腊雅典学派的欧多克斯首先提出黄金分割法或0.618法。黄金比历来被染上瑰丽诡秘的色彩被人们称为"天然合理"的最美妙的形式比例。随着人类对自然界（动物、植物、宇宙、人类自身）的认识的日益深入，人类关于"黄金分割比"这一神奇比例的了解也越来越丰富，人们发现自然界中这一神奇比例几乎无所不在。从低等的动植物到高等的人类，从数学到天文现象中，几乎都暗含着这种比例结构。

动植物的比例

植物花瓣从小到大的序列 以0.618:1近似值排列的。呈现黄金分割现象是为了更大限度的接受阳光照射、充分呼吸和接受雨露滋润。

蝴蝶身长与双翅展开后的长度之比也接近0.618。

蜗牛等动物的螺旋形外壳从内到外的直径之比也接近0.618。

图2

数学之巧 非巧夺天工不足以描述

长城的修建持续了两千多年，以每米用土石40立方米，修筑长6000千米的长城计算，土石方就大约在40×1000×6000=240000000（立方米）左右。假如拿这些砖石修一道厚1.2米，高5米的城墙，这道墙长约为240000000÷（1.2×5）÷1000=40000（千米），可以环绕地球一周。

等式一:自重×10=地球的重量
等式二:塔高×10亿=地球到太阳的距离1.5亿千米
等式三:塔高平方=塔面三角形面积
等式四:塔底周长:塔高=圆周:半径
等式五:塔底周长×2=赤道的时分度
等式六:塔底周长÷（塔高×2）=圆周率
锥角都是52度。这种自然形成的角是最稳定的角，人们把它称为"自然塌落现象的极限角和稳定角"而金字塔正是51度50分9秒。

图3

233

数学之巧，非巧夺天工不足以描述。

不可思议

有一根很长很长的绳子，恰好可以绕地球赤道一周，如果把绳子再接长15米后，绳子就会绕着地球一周悬在空中。你能想像出：在赤道的任何一个地方，一个身高2米39以下的人，都可以从绳子下面自由穿过。

加长15米

设地球半径为R米，则绳子的原长为$2\pi R$，当绳子长为$2\pi R+15$时，绳子所围圆半径为
$(2\pi R+15)\div 2\pi=R+2.39$
绳子可围成一个与地面相距2.39米的大圆圈

数字黑洞 任取一个正整数，如果它是偶数，就除以2，如果它是奇数，就用它乘3再加1。将所得到的结果不断地重复上述运算，最后的结果总是1。

任取一个正整数，将组成这个数的偶数的数字个数，奇数的数字个数和这个数的数字位数依次写下来，组成一个新的数，重复上述步骤，你会发现，最后的结果始终是123，你能想到吗？

图4

数学之妙 非妙不可言不足以形容

音乐中的全等变换

缪勒--莱耶错觉
猜猜上面的带箭头的两条直线，哪条更长？

数学中的视觉盛宴

消失的柱子

柱子是方的，还是圆的？

不可能的三叉戟

图5

234

数学之妙 非妙不可言不足以形容

斐波那契数列：1, 1, 2, 3, 5, 8, 13, 21, 34, 55, 89, 144…。特点：从第三项起，每一项都是前两项之和。

花瓣的数目

如果数出松果上的左手和右手螺线，这两个数往往是相邻的斐波那契数。

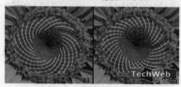

向日葵花盘上的螺旋线条，顺时针数21条；反向再数就变成了34条。

图 6

二、数学算式的幽美让人心旷神怡，柳暗花明

1. 快速算一算

(1)$(-0.5\times\frac{4}{3})^{2007}\times(-2\times\frac{3}{4})^{2007}$

$=(0.5\times2\times\frac{4}{3}\times\frac{3}{4})^{2017}$

$=1$

(2)$(2+1)(2^2+1)(2^4+1)\cdots(2^{32}+1)+1$ 的个位数字是___6___。

原式$=(2-1)(2+1)(2^2+1)(2^4+1)\cdots(2^{32}+1)+1$

$=(2^2-1)(2^4+1)\cdots(2^{32}+1)+1$

……

$=(2^{64}-1)+1$

$=2^{64}$

末尾数字安 2、4、8、6 循环，所以 64 除以 4 整除，原式的末尾数字是 6 这里的 $(2+1)$ 叫催化剂，这种方法叫催化剂法。

(3)若 $M=123456789\times123456786$，$N=123456788\times123456787$，试比较 M、N 的大小。

解析：根据数字的关系与因式分解，首先将 M、N 中 123456789、123456786、123456787 均用 123456788 表示，即 M、N 用 123456788 表示，再比较大小。

解：设 $123456788=x$

∵ $M=123456789\times123456786=(x+1)(x-2)=x^2-x-2$

$N=123456788\times123456787=x\times(x-1)=x^2-x$

显然，$M<N$。

字母表示数充分体现了数学的简洁美！

让数学展现魅力——让数学变得有用

我们都知道数学来源于生活，又服务于生活。这就是事实。

数学之用 非宇宙之大 粒子之微不足以涵盖

研究图形

我们置身于丰富多彩的图形世界里。宏伟的建筑、斑斓的广告设计、精美的家居装修都离不开的图形。众所周知，自行车的车架是三角形状的，就是因为三角形具有稳定性。我们在研究别的图形时常常要做辅助线把它们转化为三角形的来研究。

感受图形

在生活中几何图形的应用真是无处不在，人们利用几何图形的种种特性来方便我们生活。

应用图形

在生活中，还有许多由几何图形构成的商标或图案例如奥迪、雪佛兰等，就是利用了平移、旋转、轴对称等图形变换来设计的。

图1

数学之用 非宇宙之大 粒子之微不足以涵盖

概率之用

体育比赛中，一局定胜负，虽然比赛双方获胜的机会均为二分之一，但是由于比赛次数太少，商业价值不大，因此比赛组织者普遍采用"三局两胜"或"五局三胜"制决定胜负的方法，既令参赛选手满意，又被观众接受，组织者又有利可图。这就应用了数学中的概率知识。

统计之用

陈炳藻教授用概率统计研究法研究《红楼梦》作者的语言习惯，发现后四十回与前八十回是很一致的。说明曹雪芹曾创作了后四十回，至少留下了后四十回的部分手稿。

感受概率

一位哲学家曾经说过："概率是人生的真正指南"。随着生产的发展和科学技术水平的提高，概率已渗透到我们生活的各个领域。众所周知的天气预报、保险、邮电系统发行有奖明信片的利润计算、招工考试录取分数线的预测甚至利用脚印长度估计犯人身高等无不充分利用概率知识。

图2

数学之**用** 非宇宙之大 粒子之微不足以涵盖

方程之用

交通、金融系统、健康、犯罪预防和探测、通讯、食品、水、供热和照明等各个领域能有条不紊地运行，"潜伏"于其中的方程功不可没。1991年海湾战争时，在权衡烧掉科威特油井是否造成全球性气候变暖时，美国五角大楼委托一家公司利用流体力学的基本方程以及热量传递的方程建立数学模型，经过计算机仿真，得出了否定的结论，对美国军方计划海湾战争起了相当的作用，所以有人说："第一次世界大战是化学战争(炸药)，第二次世界大战是物理学战争(为原子弹)，而海湾战争是数学战争。"

函数之用

在山林绿化中，须在山坡上等距离植树，且山坡上两树之间的距离投影到平地上须同平地树木间距保持一致。因此，林业人员在植树前，要计算出山坡上两树之间的距离。这便要用到锐角三角函数的知识。

在企业进行诸如建筑、饲养、造林绿化、产品制造及其他大规模生产时，其利润随投资的变化关系一般可用二次函数表示。企业经营者经常依据这方面的知识预计企业发展和项目开发的前景。

图 3

这些都是实实在在的，并且是能看得到、摸得着的。其实还有一种更伟大的应用：数学还有育人的功能。

数学是一门逻辑性极强的学科。但它又的的确确是美丽的、耐人寻味的。它是思想与思想的大胆碰撞，是智慧与智慧的平等交流，更是情感与情感的浸润融合。只要你用心去体会，就会发现数学中蕴含着无穷的乐趣和做人的道理。

一、一分为二

学生从小学开始学数直到初中学完实数：学生从正整数、零、分数到负整数、负分数完成有理数的学习，再到无理数的学习完成实数的学习。这里就存在着一个一分为二的道理。

我们在讲实数的分类时，要做到中心下移，给学生很多数，里面都是他们已学过的数，让学生给它们分类，然后按从小学到现在的顺序排好如图4。

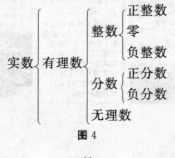

图 4

然后根据数的发展趋势,让学生猜想以后还可以学什么数,学生很轻松地答道——虚数。

接下来我把实、虚;有、无;整、分画出来,然后问他们从这里你能想到什么?

学生:事物总是一分为二的。

教师:好! 同学们领悟得不错。那我们在分析一件事、一个人时应该怎样分析呢? 举例说明

学生 1:如我们在排位时,不可能让每个学生都满意,没有十全十美的事,我们要一分为二地去看待这件事,学会宽容忍让,这时你的内心不会纠结,心情就是愉快的。

教师:好! 鼓掌!

学生 2:评价一个人时,要一分为二的评价,既要看到他的优点又要看到他的不足,当然看别人多看优点,看自己多看不足,这样才能让自己越来越优秀。

教师:也就是说要学会欣赏别人,反省自己,待人退一步,爱人宽一步就会活得很快乐。我希望我的学生是一个心胸宽广,通情达理的人,只有这样,生活每天才是愉快的。

二、数形结合思想

为了让学生做到举一反三,触类旁通,在学习上有所提高,有所创新,就要教给学生学习数学的思想、方法。因为知识是躯体,方法、思想才是灵魂。转化思想无处不在,我经常给他们讲数学家和物理学家的故事,让学生明白只要一学新课,就知道回忆以前与之相联系的内容。在学习数轴、平面直角坐标系以及与之相连系的函数时,我们可以和学生一起体会数学家华罗庚说过的话:"数缺形时少直观,形离数时难入微。"把这句话作为对联,我们给它加上横批:"数形结合思想。"每当遇到这个思想,我们都可以设计问题:"从这句话中你体会到哪些做人的道理?"

学生:事物之间是相互联系的。

教师:数和形都有这样微妙的关系。那么,我们生活在集体里,同学之

间应该如何相处呢?

一组:同学之间首先要团结,团队意识要强,如我们现在都是小组管理,社会上都在流行组合,这就是要求我们要有团队意识。

二组:同学之间要互相帮助,我们才能共同进步,整个班级才能前进。

三组:同学之间还要宽容、忍让,这样才有利于团结。

四组:同学之间还要真诚相待,不应在背后说别人,这样不利于同学的团结。

教师:男女同学之间,交流要大方,不应该有私心杂念,这样才有利于同学的健康成长。

三、从不同方向看

横看成岭侧成峰,远近高低各不同。

不识庐山真面目,只缘身在此山中。

——苏轼

这首诗告诉我们:从不同方向看同一物体时,看到的结果是不同的。这是我们在讲"三视图"那节课时,为了创设情景引入的一首诗。我们知道从某一角度观察一个物体很难全面了解它的特征,即单一的三视图通常只能反映物体一个方面的形状。为了全面地反映物体的形状,生产实践中往往采用多个视图反映物体的形状,所以我们研究物体的三视图。在这里我们可以设计问题:"同学们,我们在生活中如何去看待一件事,一个人呢?"

学生1:在生活中我们应从不同角度,多方面地去看待一件物,分析一件事。例如,考完试拿到成绩,不要只看到成绩好与坏,要静下心来分析成绩的背后考好的原因是什么,考差的原因是什么,哪里没掌握好,为下一步的学习做出计划。

学生2:我们还要学会换位思考。

教师:好,同学们想得好。

教师:要想解决一件事,要多方面了解,再处理;要想了解一个人,就要多接触,多交流,"路遥知马力,日久见人心"。

基于此,挖掘数学文化中的教育功能,激发学生学数学的信心和兴趣,提高学生的数学素养,教会学生学会用数学的眼光观察世界、用数学的头脑分析问题、用数学的方法解决问题、用数学的精神追求理想。我们要把数学引向生活,把生活引向数学,把数学引向学生,把学生引向数学。

数学不仅有用而且幽美、有趣,学习它,使用它,品尝它,传播它乐此不疲!

数学之外——我的教育故事

"教育是直面人的生命、通过人的生命、为了人的生命质量的提高而进行的社会活动，是以人为本的社会中最体现生命关怀的一种事业。"

——[中国]叶澜

孩子，让你等了这么久

　　于晓，全级部都知道他的大名。他是一个喜欢拿别人东西，而且成绩极差，纪律极散漫的学生。每次看到他我都这样想："幸亏不在我们班，否则真够我难受的！"可是，天意弄人。初三分班时，于晓竟然真的分到了我们班。于是，我无奈地接过了他原来班主任的"接力棒"，开始一次又一次地处理他所制造的麻烦。周而复始，那种烦躁的情绪让我越发不再拿正眼瞧他，天天盼着初四分班的到来，丝毫没有觉察到自己有意无意流露出来的这种生冷，对他造成了多大的伤害。

　　一次学校举行越野赛，我与几个学生早早地站在终点处迎接我们班的运动员。闲暇中，说到这次参赛的运动员时，一个孩子说，于晓在比赛之前，站在起点处，反反复复地对自己说："我一定要跑第一，一定要跑第一。"孩子们听完都笑了，七嘴八舌地说着："于晓太紧张了，心理素质太不过硬了。这会儿倒积极了……"而我，像喉咙里塞了团怪味棉花，怎么也笑不出来。就在那一瞬间，我忽然清清楚楚地感受到，这个在同学和教师眼中"无恶不作"的孩子，这个在外人看来什么都不在乎、什么事都不认真去做的于晓，同样有渴望得到别人的肯定。而且，这种渴望比起其他孩子来说，又是那么的强烈！对于他来说，这是向教师和同学证明自己价值的唯一机会。这时，我又忽然想起了上次开运动会时，他取得了 3000 米赛跑的第二名，当时，我在班里煞有介事地表扬了他一番。但过后，由于他难于改掉那些不好的习惯，屡屡违反纪律，以及他那无论如何也提高不上的成绩，让我对他更加坚定了"朽木不可雕也"的信念。

　　那段时间，我在班里搞了一系列的改革，重新排位是其中的举措之一。我把他调到了第一排——不是为了照顾他，而是为了让同学们一起来监督他不要太嚣张。但他却理解为，这是他曾跟我提过的调一个学习成绩好的同学跟他同桌的请求得到了答复。于是他当即兴高采烈地拿出一个崭新的本子，递到我面前，说："教师，值日班长的本子快用完了，我提供一个。"

这时，于晓跑回来了，冲在最前面，脸上洋溢着幸福和骄傲的神情。从此，我开始反思自己，虽然于晓身上有着所谓的劣迹斑斑，但他也有很多值得肯定的方面。有些时候，我也不是没有发觉到，但为什么，为什么总是对他的优点视而不见，却用放大镜去看他的缺点。越野赛上孩子们那无心的一句话才真正激醒我，于晓的内心是多么渴望我能够给他一次肯定，但我一直是那么吝惜自己的赞扬，哪怕是一点点。他本不具备跑第一的素质，但他最终真的跑了第一，而且我也目睹了他下场后那种疲惫到极限后痛苦的表情。这一切，只是为了换回我对他的一次肯定。想到这些，我感到自己的心很痛。这么久了，我一直在伤害着一个幼小的心灵，而且程度之深，到现在才体会到。孩子，让你等了这么久！

只因为有你

在学校教育活动中最强烈、最深刻、最丰富的情感莫过于教师对学生的爱，这种爱不同于一般的"母爱""父爱"，也不同于普通的"情爱""友爱"。这就是师德的第三境界，也是最高境界——师爱。师爱是一种自觉而理智、纯洁而全面、普遍而持久的爱，是一种无私、高尚、伟大的爱。

——题记

爱心是美好人生的基础，夏丏尊先生在《爱与教育》的序中有一个恰当的比方："教育没有了情爱，就成了无水的池，任你四方形也罢，圆形也罢，总逃不了一个空虚。"

冬冬走进我们班时让我感到心情格外沉重，因为她除了对人冷漠外，还带着上学期因频繁的旷课、逃学、与社会青年来往而得到的严重警告、留校察看的处分。至于学习，似乎跟她没有任何的关系。到学校来上课，对她来说，就是例行公事。

在一次与她姨妈谈话时，我才得知，她的母亲连续两次婚姻失败，如今就带着冬冬一个人过。受家庭环境的影响，她的性格变得孤僻、暴躁，对人、对事都异常的冷漠。小小的年龄，仿佛看透了世态的炎凉。我想这样的孩子最缺少的就是"爱"。所以，要想转变她，最好的教育方式就是去爱她、温暖她，在她孤冷的心里注入汩汩的温泉，慢慢融化她那颗冰冻的心。

于是，在平时，我尽可能地在生活中多关心她，学习上多帮助她，并且经常与她谈心。刚开始，她还对我有些排斥，但经过我的努力，她开始慢慢地接受我。随着时间的推移，她发现和我越来越投缘，开始有事没事地往办公室跑，还把自己出去旅游买的包作为礼物送给我，脸上也有了笑容，学习也有了明显的进步，并且，再也没有发生过逃学、旷课等现象。我又趁机动员她参加了班委的竞选,让她当上了生活委员。这下,她的干劲更足了。

故事到这儿,似乎应该圆满结束了。但一次意外的改选结果,让这一切来了一个 180 度大转弯。

期中考试结束了,班里又照例实行班委换届选举。也许是因为性格的原因,冬冬不太善于与同学沟通;也许是因为杀出的另外一个竞选者实力太强,冬冬最终落选了。尽管,当天我及时给她做了思想工作,她也表示能接受这个事实,但我有种预感,前段时间苦心建起的堡垒也许会在这之后彻底坍塌。果然不出所料,第二天早上,已经拉了上课铃了,她的位子还是空空的。我急匆匆地跑回办公室,拿出手机,刚要给她妈妈打电话,她气喘吁吁地站在了办公室门口。我赶紧跑过去拉着她的手,她眼里含着泪说:"本来我今天不想来了,但是又一想,这样你会着急的,也会对我失望的,平时你对我那么好,所以我……可是还是迟到了。"我忽然觉得很感动,对于这个孩子来讲,我的感受和对她的期望已经成了她唯一的动力,也成了她把握自己的唯一标尺,这就是她对我的付出的一种最有价值的回报!

可是,事情总是一波三折,冬冬是碍于我的原因才坚持到校上课的,但是,在她心里,这次打击,已经把她燃起的希望彻底熄灭了下去。尽管所有的道理她都懂,但是她还是无法调整好自己。几天后,她开始接二连三地说身体不舒服,想请假回家。刚开始,我还着急联系她的母亲到校接她。但次数多了,我慢慢发觉,有时候看她的表情并没有像她说的那样难受。而且有几次因为她的妈妈赶不过来,我领她去医务室检查时,也没查出什么毛病。这下,我终于明白了,对她来说因病请假回家是不来上学的最正当的理由,因为这样既不会让我失望又可以让自己离开学校,一举两得。

我没有拆穿她,只是在她又一次说身体不舒服时领她去了医院,让医生给她做了详细的检查,当医生告诉她"你身体没什么问题"时,我什么也没有说,谢过医生后领她离开了医院。她很清楚,我明白了这其中的一切。她显得有些不知所措。我拍了拍她的肩膀说:"冬冬,教师理解你这些天来的心情。其实你是个很坚强的女孩子,因为经历过班委落选之后,你没有选择从前习惯选择的逃学和旷课来解决问题,而是一直坚持每天都按时到学校上课学习,这一点就说明你长大了,变得比从前更能承受挫折的打击。说实话,教师真的很为你高兴。但是冬冬,教师希望你能再坚强一点。这次班委落选对你来说并不见得就是件坏事,因为它除了能更加增强你对挫折的承受能力外,还提醒了你自身存在的一些尚待改进的地方,为你下一次的挑战又增添了更多的准备。再说,人的一生,不可能不经历失败,多几次失败实际上是多几笔财富,就像那首歌唱的那样,不经历风雨怎么见彩虹,没有人能随随便便成功。如果你能振作起来,勇敢地去面对这次挫折,教师和同学们都会对你刮目相看的。"冬冬听我说完后,若有所思地点点头,然后很认真地对我说:"教帅,我会让你们刮目相看的。"

故事到此终于可以圆满结束了。而我也深深地体会到:爱,像空气,每天在我们身边,因其无影无形而常常会被我们忽略,可是我们的生活不能缺少它。爱是一把万能的钥匙,它能开启任何学生的心灵之门,使你真正融入学生的情感世界。当你与你的学生做到了心心相印、息息相通时,你的教育也就成功了一大半。

融化心中的冰

班主任生涯的第二年,我接受了一次分班的考验——来自 10 个班的学生,带着对过去教师和同学的留恋走进了我的班级。一开始孩子们与我的生疏,与同学的陌生,与班集体的漠然,都随着我们之间不断的沟通和交流而消失得无影无踪。只有冯羽,还像一座冰山一样,拒绝任何人的融化。

一次,冯羽因为学习上的懈怠受到了我的批评。让我始料不及的是,她哭着回了课桌前,拼命地摔书、摔本子,还把一摞试卷撕得粉碎。刹那间,我愣在了那里。

我努力回想自己刚才是否有言辞过激的地方,但我没有找到任何答案。于是我强压心中的怒火,让同学把她重新叫回来,想要问一问究竟是怎么回事。但更让人不可思议的是,冯羽竟然赌气站在那里一动不动,任凭同学又拉又拽。

我再也控制不住自己,亲自把冯羽拉出了教室。一阵风吹过,我那发热的头脑稍稍有些冷静了。我尽量用一种比较平和的语气跟她对话:"冯羽,你告诉我,刚才老师是不是有说得不对的地方?"冯羽把头扭到了一边,拒绝回答我。看到她那副样子,我真想一走了之,从此再也不过问有关她的任何问题,但转念一想:"我是一名教师,怎么能和一个不懂事的孩子赌气?"

良久的沉默之后,我们又开始了新一轮的谈判。"冯羽,我们现在以一种朋友的方式好好谈一下。如果我有不对的地方你可以提出来,我完全可以向你道歉。但你用这种方式对待我,我觉得很伤心。"看到冯羽的表情不再那么僵硬。我又接着说:"如果你是老师,我用这种方式来对待你,你心里会是什么滋味?"冯羽低下了头。我接着又说:"现在你能否告诉老师,你为什么要这样做?""我不愿意犯了错误时你批评我,我很想以前的老师。"冯羽似乎有些前言不搭后语的回答，证实了我的猜疑——是因为她对我的排斥才上演了刚才的一幕。我又想起了她每一次迎面走来时就垂下眼皮一眼也不看我就走的样子。也许今天，恰好是融化她心中那座冰山的好机会。

"冯羽，教师批评你是因为你对学习的懈怠。你想想，如果我对你的表现置之不理，随你发展下去，最后受损失的人是谁？你既然是我学生，我就要对你的将来负责任。你是个非常善解人意的小姑娘。我想你能理解教师的一片苦心。"听到这里，冯羽的嘴角动了动。我继续说道："你很怀念过去的教师，说明你是一个很讲情意、很重感情的人。但是你要明白这样一个道理，人这一生中，会结识许许多多的人，但因为各种各样的原因，你也会不断地告别许多人。那些善待过自己、对自己有过帮助的人，我们是一定要铭记在心的。但是人不能总是生活在回忆中。我也不是你最后一个教师。你的学习成绩很好，将来你还要升高中，读大学，读研究生。你会在那期间碰到很多很多的老师，结识很多很多的同学。如果你总是停留在过去，封闭自己，拒绝所有从前你不曾结识的人，一直沉浸在对他人的排斥中，你会生活得很不愉快。而这种不愉快的情绪会直接影响你的发展和进步，更有甚者因为这种不适应，刚才谈到的那些读大学，读研究生等希望也都会变成泡影。人要学会主动去适应环境而不要等着环境去适应你。如果你愿意敞开心扉，去接纳真诚对待你的每一个人，你会发觉，无论走到哪里都有阳光在等待着你。"听完这些，冯羽第一次用一种不再敌视的目光望了我一眼，但还是什么也没说。但我知道，她心里的冰，已经开始想要融化了。

两天后的早上，我与冯羽走了个迎面。我看到她一直望着我，似乎想说什么但又不好意思。我知道她还有顾虑，便主动跟她打招呼："你好，冯羽！"她终于跟我笑了笑，然后很快跑开了。

再以后，我依然不断地关心她的生活，关心她的学习，还动员她参加了班委竞选。慢慢地，冯羽开始走近我，走近同学。我知道，她心中的冰已经慢慢融化了。

教师——你真的很重要

儿子在一天天长大。作为教师，我看到那么多聪明伶俐的学生因为没有养成良好的习惯而影响了更好的发展，心痛之余，也暗暗下定决心一定要从小给儿子养成的一个好的生活和学习习惯。但工作的忙碌，使得孩子跟老人在一起的时间多了一些。在老人的宠爱之下，孩子没有我想象的那样有个好的习惯。

今晚，在奶奶家，吃饭了，儿子设计了一套完整的方案：自己看着书，妈妈讲着故事，奶奶喂饭，自己用手抓菜吃，爷爷负责倒水。他还用缺一项也不吃来作为要挟。我强压内心的怒火，想着办法给他讲道理。但什么都是对牛弹琴。无计可施的我跟他爸爸商量："要不问问他教师，这种情况该怎么办？"谁曾想，我说了那么多自认为可以教育他的话，却不抵这句话的分量。儿子一下子蹦了起来，说："你不准跟教师说！"之后，他很自觉地拿起勺子，也不看书，不听故事，也不用喂了，俨然一个大人，一本正经地自己吃起饭来。刹那间，感激和欣慰涌动在我的心头，那是对儿子教师的一种无法言谢的情愫。

当教师十年了，一批又一批的学生来到我身边，又离开我。我跟许多的家长有过数不清的交流。每次听到家长感谢的话语，我有种满足感，觉得自己又取得了所谓的成功，或者，有时候把这种感激当作是家长与我交流感情的一种方式。但直到今天，我才发现，这种感激真的是发自肺腑的，也终于明白，当你可以帮助他们对孩子进行正向引导，让孩子健康、向上地去发展时，你真的比谁都重要。

再说一下儿子那个美丽、温和、对孩子充满爱心的飞飞教师。因为她的出现，孩子开始把每天去幼儿园当作是一件最开心的事。有一次，学校的工作忙到了下班以后,孩子的爸爸也没有开完会,老人又不在家,孩子没有人接。从学校冲出来去幼儿园的路上,孩子的哭声就一直回荡在我的耳畔。当我火急火燎地赶到幼儿园时,已经是放学一个小时了,整个幼儿园在夜幕的笼罩下显得格外静谧。我跑向小海豚班的教室,当接近门口时,突然听到了飞飞教师讲故事的声音。那一刻的声音犹如天籁般美丽,让我内心涌出一种难以言表的感动。儿子依偎在她的怀里,像依偎在我的怀里一样安宁,津津有味地听着,根本没有发现我已经站在了他的身后。"福星妈妈,你来了? 福星今天下午有点咳嗽,我刚给他试了体温,没有发烧……"那一刻,我觉得什么感激的话都难以表达我的感激之情。我也经常关心学生,经常得到家长的感谢,但我在这一刻,终于体会到家长的那种清澈透底的感激。

我看到过一篇报道,说的是一名被学生亲切称为"三嫂"的在香港大学服务超过 40 年的宿舍管理员,被授予香港大学名誉院士,历来获得这项重要殊荣的,不是拥有崇高学术地位的学者,就是曾为社会做出巨大贡献的显赫人物。而那一次,香港大学破天荒将终身名誉院士的殊荣颁给这位基层员工,使她成为港大第一位平民院士,并且是全票通过。在港大,流传着这样的说法:大学堂有"三宝"——充满神秘感的"四不像雕塑"、典雅古朴的"旋转铜楼梯",还有"三嫂"这个无价之宝。这"三宝"伴随着一代又一代莘莘学子的成长。每天辛勤工作,最初固然是为了养家糊口,但逐渐地,三嫂把慈母的角色带进了大学堂,努力做好自己的分内事之余更为住宿生分忧解困。不少入住宿舍的大学生都是第一次离开家庭在外面生活。他们在宿舍期间,见三嫂的时间比见父母的还要多,面对读书压力、家庭问题、感情烦恼,大家都喜欢找三嫂倾诉。"三嫂就像我们的妈妈一样",这是港大几十届学生共同的心声。曾有人问到三嫂与学生们保持友情的秘诀,她说:"拎出个心来对人。"

我感慨万千,三嫂,她的每一句叮咛、每一声鼓励,都成为学生离家苦读时的最大慰藉。三嫂教给学生的,是生存的常识、生活的智慧,三嫂身上绽放的光彩,也是在告诉我们:能真正把一件事情干好,同样会得到社会的尊重。同时,在别人需要温暖时,把自己的爱毫无保留地传递给别人,这就是对我们生命的关怀。而我们生存在这个世界上,最需要的就是这些。

作为一名教师,从飞飞教师身上,从三嫂身上,我又得到了更多的启示,做一个给学生温暖与智慧,并对他的生命有影响的教师,才是最有价值的教师。

小海的日记本

与小海相处的两年里，他留给我最深刻的印象是：大眼睛，瘦瘦的，文采飞扬，性格执拗却心地善良。

毕业班节奏紧张而忙碌，学习生活都是快节奏的。小海是个不希望被约束的学生，学习任务排山倒海般压过来，令他非常不适应，情绪一度低沉。有一次，跟学生聊天，听他们谈起有的班级出现了早恋的情况。这让我更加担心，我的学生会不会……

这天，恰好班里上语文课，我路过教室，看到后门开着，就顺便往教室里看了一眼——讲台上，教师正在讲课；讲台下，同学们都抬着头聚精会神听课。突然，我发现小海竟然低着头，一直在日记本上写着什么，显然写的内容跟课堂学习无关。我一下子气火了，控制不住自己的情绪，怒气冲冲地走进教室，视线从他写的字面上一扫而过，好像是歌词，又好像是类似情感方面的——总之不是在学习！我的脑海里又迅速地闪过了前些天跟学生聊天的内容。于是，我重重地拍了拍他的肩膀，瞪了他一眼，一把将他手中的本子抢了过来。可是，让我始料不及的是，他根本没有感到不安，反而追出教室，拦住我，几乎是冲我吼道："把本子还给我！你凭什么拿我的本子？"当时，整个教学楼都在上课，他的声音好像是一声炸雷。

我愣住了，这就是我平时无时无刻在关心着的学生吗？这是他在对我说话吗？这是怎么了！我呆住了，本子还摊在手中。他忽然一把夺过来，狠狠地摔在地上，声嘶力竭地喊："我不许你看，就是不许你看！"面对这一切，我真的有些不知所措，不解、伤心、失望，一下全部涌上心头。年轻的我再也控制不住了，流着眼泪跑回了办公室。

平静下来，我也开始反思。不管是不是在课堂上，不管我有多担心多着急,不经过他的允许,就拿走他的日记本,这无疑是一种侵犯隐私的行为。虽然我的用意是好的,是想制止他不听课的行为,但这种做法的确伤害到了他。

记不清过了多久,办公室的门开了,他低着头慢慢地蹭了进来,那双大大的眼睛充满了内疚。他嗫嚅着说:"教师,对不起,刚才那样顶撞您,让您伤心了,都是我不好,我知道您是为了我好……"听到这些,我忽然感觉本来我们彼此隔得好远的心,一下子变得没有了距离!我把心里的内疚也真诚地告诉了他,希望他能够理解并原谅我的冒失……然后,我们坐下来又推心置腹地谈了好久。他把进入初四以来,在学习上、生活上与同学们相处的困惑都一股脑地告诉了我。我针对他遇到的问题,细心认真地帮他进行了分析,找到了应对的办法。

那天,我们彼此约定,不管这一年遇到什么样的困难,我们都要让自己坚强起来,想尽一切办法去克服,做一个生活的强者,做一个真正的赢家!

静待花开

班主任的工作时时在考验着我的耐心、意志以及智慧,所经历的风风雨雨、遇到的问题、带来的思索让人难以忘却。给我留下很深印象的一个女孩子就是我们班的班长小旭。她是一个聪明、善良、好打抱不平,但内心敏感又脆弱的女孩。

小旭是从外校转到实验中学的,在学校是寄宿生,有着很强的自理能力和风风火火的男孩子一般的性格,在班里有很高的威信。于是我们选她当了班长。工作中的有些事情,我大胆放心让她去做。经过一段时间的磨合,基本上每一件事情交给她,她都能够完成得很好,我对她也比较放心。但有一次,我在跟班里同学进行定期的书面交流时,有学生跟我说,班里最近有不少同学上自习下五子棋,并且班长也玩,上课也偷着玩。

此时我才联想到她近期的一些表现,上课走神,成绩下降,班里的一些工作也不那么及时了……我静静地坐在办公室里,琢磨着如何与她进行一次沟通,但是我最终还是克制住了,因为我觉得找她的时机还不成熟。

一天上午第二节课下课后,我巡视班级的时候,瞥见她的抽屉里露出了半张五子棋棋盘。我没有拿走,只是站了一会,但是她的同桌看到了这一切。我知道同桌一定会对她说的。果然,下午我讲课时发现她的眼神和神态有些拘谨,这可是从来没有过的。

我装作若无其事的样子,让她起来回答问题,她显得很慌张。接下来的两天,我仍然没有找她,更没有在班上提起这件事。

这种沉默终于在第三天中午打破了。当时我正在办公室休息。她进来了,低着头,没有说话。我微笑着招呼她坐下,故意问道:"有什么事吗?"她说:"徐教师,我这几天心里总不踏实,我知道您已经知道了一切,但是您越是不批评我，我就越怕看到您的眼神。"我马上追问道："你说我都知道了些什么呢？"她说："徐教师，我不该上自习下五子棋，我错了。"说这些话的时候，看得出她的神情很沮丧。我的心刹那间有一丝颤动。在我的印象中她是一位多么优秀的学生啊！但是她也有许多自身无法克服的问题，我觉得跟她好好谈一下的时机到了。

我说："教师也有过中学时代，有过你们这种年龄的心路历程。站在你的心理角度，我能理解你学习累了想要放松一下的想法，这就是我没有批评你的原因。"她沉默了。我接着说："但是，你是班长，是同学们的榜样，如果带动大家都能够专心学习，我们的班会是多么有希望啊。下五子棋其实是一项很好的智力活动，但是注意选择好时间。如果大家都在自习或是课上下，又会造成什么样的后果呢？你是一个聪明的孩子，应该懂得我的意思。"她用力点了点头。我接着说："你知道塑像的部分去掉、再去掉，剩下来的就是一尊美艳绝伦的雕像了。同样，你的身上有许多优秀的东西，但也有一些不足，如果你能听从我的建议，慢慢将不好的习惯去掉，你的优秀就能更突显出来。"她认真地、静静地听着，终于脸上露出了灿烂的笑容："徐教师，我保证，从今天开始再也不在自习和上课时做与学习无关的事了，而且，我还要帮助其他同学改掉这个不好的习惯。"

小旭后来的学习成绩一路攀升，中考考取了上海的重点高中。2007 年，她以优异的成绩考取了上海交通大学。这个美丽优秀的女孩子，是我的骄傲。她让我深深地领悟到，教育不能急于求成，耐下心来，静待花开，春天才会吐露芬芳。

有个男孩叫小飞

　　那是我参加工作的第三个年头，教到初三，班里转来了一个男生。他叫小飞，个子不高，胖胖的，习惯性地哈着腰，不说话，时不时笑一笑。

　　当时学校领导送他过来时，特意叮嘱，要好好关注小飞，他是某某领导的儿子，而且说学校反复斟酌才决定放到我的班里，这是对我的肯定也是一种极大的信任。说心里话，当时年轻气盛的我，听到某某领导的儿子时，内心充斥的是各种不屑。领导的儿子又怎么样呢？难道还要我偏袒不成？我才不会呢。但是当听到交给我是对我的信任时，我内心的小宇宙又爆发了，暗暗下决心，我是不能让大家失望的。对小飞的第一印象，感觉还挺听话、挺好沟通的。

　　可没曾想，开学初期的军训，小飞就给了我当头一棒。练习跑步走的时候，他一跑就开鞋带，出来系上；进去再跑之后接着开，然后再出来系。这样反反复复好几次，而且他又胖一些，跑着还喘不过气来。其他孩子看了又好奇又好笑，整个训练秩序一下被打乱了。无奈，我只能过去，帮他把鞋带系上，至少这样他不必再在队伍里出出进进。那个时候，学生还都是住校的，中午午休结束后，去宿舍查内务，发现整个宿舍就他的被子没叠。问其原因，他说在家从来就是散着被子的，因为不会叠。他说得理直气壮，不以为然。

　　接下来，让我头疼的事情接踵而来。小飞上课不认真听讲，扰乱课堂纪律；不写作业；跟班里同学传授平时不学习、但是考试考高分的秘籍：比如数学，写个开头，中间步骤乱写，结果瞄其他同学一眼，这样教师看卷子不仔细看的话，就得满分了。更糟糕的是好多孩子对他的秘籍竟然如获珍宝……他的到来，让我感觉整个班级都乱了套。

为这些事情，我不止一次跟他谈，甚至批评他。他就是"任你好话说尽，我就油盐不进"，而且还调侃说："教师，你说的这些我在过去那个学校里耳朵都听出茧子来了。我考试考不好，我妈妈都把衣服撑子打断了。很正常，没啥。"接下来他"呵呵"一笑，继而赶紧收住，然后像一尊佛一样，杵在那里，岿然不动。

我现在回想起来，教育真的是一件让人无法捉摸的事情。很多时候，教育的成功是源于教师本身的性格特质、行为方式加上发生的特定的事件给了孩子触动，继而我们的教育水到渠成，便有了效果。有这样两件事情，让这个孩子开始有了改变。

第一件事：当时我们学生就餐一律在校内，没有特殊情况，不允许学生出去。过惯了自由生活的小飞想出去吃饭，找了个理由让他姨夫来接他。可他姨夫来给他请假时，我没有批准。他姨夫又去找了学校的领导来找我，但我还是很坚决地拒绝了，理由很充分，我要像对待其他孩子一样对待他。他姨夫只好悻悻地离开了，而且从此再没来给他请过假。我第一次从他眼神里看到了平时看不到的一丝胆怯。他发现我不像他原来的教师，有什么事情只要跟领导说一声，他就能一路绿灯。

第二件事情：那次小飞没写完作业，我让他抽空补上，然后再给他看看，他也不补。我实在忍无可忍，决定放学后留下他，亲自陪着他补作业。没想到他非但不感激我，反而说："我有事，我必须要走！"但我坚持不让他走："作业布置得合理适量，完成作业是学生应尽的职责，做不完可以补，但不补就不允许走，晚了可以让你家长来接你。"听到这里，他又笑了："教师，我妈在外地。你知道我爸爸做多少重要的事情，有多忙吗？你让他来接我，开国际玩笑啊。我知道，你有压力，因为你必须把我教好，因为你们学校是最优秀的学校，如果教不好我，人家会怎么评价你们这所优秀的学校啊？"

听了这话我倒吸一口冷气，但我很快反应过来，说："但我觉得人家会这样思考的，你到了一所最好的学校还是不行，去哪里还能行呢？"就是这句话，让一直常有理的他突然就卡在那里不说话了，然后我抓住时机说："补一下作业吧，一会让家长来接你。"然后很平静地掏出手机，给小飞爸爸打了电话说明原因。小飞爸爸也非常理解和尊重教师，等他补完作业，放下其他的事情,来学校接他。我记得临走时,他回头看了我一眼,眼神中第二次有了那种胆怯,而且还多了一丝敬佩。他似乎感觉到我真的跟他想象中的不一样。

接下来,小飞开始有了改变,课堂上,从前呆滞的目光里有了火花,作业开始隔三岔五完成了,但因为基础差,学起来还是吃力。我一直不动声色地鼓励他,不断肯定他的进步。他也越来越配合,似乎一切都向着好的方向发展了。我开始期待可以有一个检测机会,能看到他的进步。

可是事情总是一波三折。

转眼到了期中考试,考试的前一天晚上,我刚到家,就接到值班教师的电话,说小飞找不到了,问我有没有请假,他今天确实没有找我请过假,我也没有签过请假条。我急匆匆跑到学校,他去了哪里啊?这半学期的时间,我的心里总是绷着一根弦,不知道什么时候他就会整一套出其不意,让我无从应对,这次人又不见了……等我冷静下来细想,我没给他签请假条,说明他没出学校门。孩子都在上自习,我一个人开始到处找。

当时我还是个小姑娘,我怕黑。十年前的操场,实验楼各种设施没有那么齐全,晚上漆黑一片。焦急已经让我顾不上那么多,我大声喊着小飞的名字,一边给自己壮胆,一边不停找他,哪里黑去哪里找,可是空荡荡的只有我的回音。我给他家打电话,可打了好几遍都没有人接听。不在学校,不在家里,发生了什么事情?我最担心的是他的安全。他在哪里,我该怎么跟他的父母交代,怎么跟学校交代?漆黑的晚上,我一个人在校园里,无处求助,无奈地坐在地上大哭了起来。

突然,我的手机响了起来,是小飞从家打过来的。接听的第一句话是:"老师,我知道你找我,本来我不想接电话,可是我又怕你着急,就跟你说一下。我不想参加明天的考试了,我怕考不好,让你失望,就自己回来了,等考完了,我再回去上课。上次你给我签假条,我故意说写错了,就留了一张有你签名的假条,今天就用上了……"

记得当时我没听完就反复说着一句话:"什么都不重要,只要你平安就好,平安就好。"然而,就是我这句像妈妈一样有感而发的话感动了他。他说:"老师,我明天就回去参加考试。"

考试的结果，明显的进步让人欣慰，而且重要的是，这件事情，我看到了那个善解人意、懂事的小飞，想取得进步得到我的认可，又怕让我失望，怕我着急担心……现在想起来，内心依然是暖暖的。

再后来，小飞担任了班委，并且工作出色，为班里注入很多很多的正能量，交了很多朋友，成绩不断进步，中考成绩达到了区属重点高中的录取线，而初三转来时他是班里的倒数。我记得当时他已经联系好去上海上高中了，但小飞的妈妈还是要去投递一下志愿书，想换一张录取通知书做纪念。

记忆中的小手帕

"徐老师,您还记得我吗?"

一声清脆而又柔美的声音从身后传来。回过头,首先映入眼帘的是那个扎着马尾辫的小姑娘,一双忽闪忽闪的大眼睛。那么熟悉啊,像早就定格在记忆中的那个片段……对,是她!没错,那双怯生生闪着亮光的大眼睛,那方记忆中的小手帕。

时光拉回 16 年前,我大学毕业,走出校园又走进校园,圆了我儿时的梦想,成为一名人民教师。让我欣喜而又惶恐的是,工作第一年就安排我做了班主任。这样,教学和班级管理,让我每天忙得像只快乐的小陀螺。

那些孩子只跟我差 9 岁,加上天生这张娃娃脸,扔在学生堆里就好像是同龄人一般,分不出谁是教师谁是学生。最有趣的是开家长会时,我站在门口迎接家长,结果一个家长出来进去好几趟,好像是在找人,实在找不到了,无奈而又慈爱地拍了拍我的头说:"小同学,你们班主任在哪里啊?"哈哈,这个典故,后来一直被传了很久。那个时候,我还没有结婚,没有家庭和孩子,那些孩子就成了我生活的全部。工作、休闲时,甚至吃饭、睡觉时我的脑海里都是那些孩子。年龄的相近,我们之间也很快建立了很深厚的感情,他们觉得我很严厉但又很亲切,对我有些生畏,又跟我亲密无间。我是那样的热情澎湃,恨不得把所有的爱都给他们,恨不得把每一个孩子都教成祖国栋梁。现在想想,那样的师生感情真的可以让所有的教育都产生最好的效果。

然而除了孩子还有家长,与家长的沟通也是一门重要的功课。

一天,我正在上课,一位家长怒气冲冲地站在门外。我走出教室,还没弄清楚她是哪位学生家长,她就用手指着我气急败坏地大吼:"我的孩子什么时候偷过别人的东西,你怎么能说他偷东西,放了学还不让回家,留到那么晚,害得我们到处找孩子,你会当老师吗?……"

这些话让我一头雾水,我不知道她是找错了班级找错了老师还是怎么,说的这些事情根本就不存在啊。可她叫着孩子的名字,分明就是我班的学生。我说:"是不是有什么误会,你先冷静一下。"可她根本不听,继续吼。当时我们的办公室就跟教室挨着,好多老师听到后都出来劝解。教室里的学生也早就因突然发生的事情乱作一团。我一下就慌了,不知道该怎么办好,竟一句话也说不出来。好在几个年长的老师把她劝到了办公室。因为还在上课,我只能先回到教室。可是我怎么也上不下课去了,坐在讲台前面,再也控制不住自己的情绪,哭了起来。教室里突然安静下来,我边哭边跟同学们说刚才的经历,就像一个迷路的孩子在跟自己的兄弟姐妹诉说遭遇的一切。这时一个很轻柔的声音传来:"老师,别哭了,给你擦擦眼泪。"

我抬起头,透过被泪水模糊的视线,一个绑着马尾辫、忽闪着一双大眼睛的小姑娘,手里递过一方小手帕。接过小手帕的那一瞬间,仿佛所有的委屈都消失得无影无踪,而且身上忽然就充满了一股力量。为什么要在孩子们面前哭啊,我是老师,是成年人,我要给孩子们树立一个榜样,遇到困难不是逃避,而是想办法解决。想到这里,我用那方小手帕擦干眼泪,跟同学们说:"没事了,孩子们,我有办法解决。"她安慰我:"老师别难过,我们都向着你,谁敢欺负你,我们找她算账。"其他孩子也七嘴八舌开始安慰我。

下课铃响了,我把那个孩子叫出教室,也许是刚才那一幕深深触动了他。还没等我问,他就主动跟我说,昨晚他去游戏厅回家晚了怕妈妈打他,就编了刚才那些谎话,怕露馅还反复嘱咐他妈妈不要来找老师,结果还是来了……误会总算是澄清了,我领着他找到了他妈妈,把真实的情况复述了一遍,他妈妈听后非常难为情,赶紧跟我道歉。

随着时间的推移,那些误会和委屈早就消失殆尽,但留在记忆里的那双双忽闪忽闪的大眼睛,那方带着清香的小手帕,却一直定格在我的记忆中。

多少年来,每当我遇到让自己无力承受的事情的时候,眼前就会浮现起那双大眼睛,那方带着清香的小手帕,它们一直在鼓励我:勇敢面对,不要怕。

后 记

从参加工作到现在，十七年的教学生涯，我有过迷茫，也有过很多的困惑，不断学习和研究是慢慢从混沌走向清晰的最佳路径。简单地说，与其说写书，不如说是我对工作十七年教学的思考和对各个领域的继续探索和追问，是对我的教和学生的学的一个重新梳理与论证。在筹备书稿的过程中，在梳理自我思考的同时，我翻阅了大量的数学专业书籍，学习和借鉴他人的优质的研究成果。这让我的视野更开阔，思考更深入，并且学习和收获了许多我的思考之外的东西。同时我搜集并积累了大量的学习的资源，为我以后的教学研究做了很好的积淀。

十七年来，我最大的心愿就是做一名在专业领域有所建树，能够教会学生怎么学习数学，并且能够用数学的眼光、数学的思维去观察和创造这个世界的人。基于此，我不断思考，作为老师我自身应该具备什么，我能给予学生的是什么，如何丰富自己才真正算得上是一名合格且优秀的数学老师，我不停地寻找身边或是我仰慕的数学名师所呈现的那些优秀的影子，也不断反思自己的教学：数学是什么？老师该如何进行专业提升？学生平时在学习中出现的那些我们看似不是问题的问题，背后深层次的原因是什么？该如何去改变？如何才能更好地让老师的教和学生的学融为一体，达到我们理想的效果。

随着时间的推移，我感受到，唯有把如何实现学生的深度学习、提升学生的学习力放在数学教学的主导位置，才能真正实现我们所渴望实现的那些愿望，这也是我在筹备这本书稿时重点学习和思考的问题。他人的研究成果和成型的经验对我是一种很好的启迪，在学习的同时，我发现，其实在平时的实践中我已经在按自己的理解去践行一些做法，只是没有找到完备的理论依据。感谢筹备书稿的这个机会，让我为自己只停留在实践层面的、没有形成系统理论架构的一些做法，找到了理论支撑，并更加清晰以后的实践方向。

这是我的第一本书，就像是自己的第一个孩子，总想取一个寓意深远而又响亮的名字。反反复复换了十几个名字，最后在数学老师的建议下选用了"全品数学"，即作为数学老师，从对教与学的角度思考和研究，全方位地去感悟和品味数学。同时，我始终认为没有班主任经历的教育生涯的老师是不完整的。毕业后进入学校，当时的校领导大胆启用我们这些新老师，那些带着一腔热情与爱，天天与孩子们在一起的时光，给我留下了难以磨灭的印记。数学培养人的思维，健全人的理性精神，而班主任的经历则丰富我们的情感，从而使我们成为一个完整的教师。

从有写书的念头，到初期书稿的主题构思，到中期的筹备及后期七次校稿。整个过程中，我要感谢的人很多，我为把谁放在前面纠结了很长时间，后来想了一下，就按照数学排序的规则，选定一个标准，按照时间的先后顺序来吧。

感谢临淄区实验中学李安亮校长对学校教学与发展的顶层设计和贴地指导，使得我和老师们能够站在更高的层面去反思、改进、提升自己的教学观念与实践，亦为这本书的核心内容提供了思考的方向。

感谢临淄区外国语实验学校于宪平校长，从文学创作的角度，为我的书从整体框架的构思到具体内容的撰写以及后期的全面校稿给予了全方位的帮助。

感谢临淄区实验中学的陈琳、王国英、李影、孙炳芬等老师，临淄区外国语实验学校的李红、代海红等老师为我书稿的取名、进行内容修改及校对提供了大量的帮助。

最后，我要特别感谢为我写序的这两位专业的导师。

感谢我的高中数学老师，现在的淄博市数学教研员刘旭东老师。在为我写序通读整本书的过程中，从表述方式到学术严谨甚至包括标点符号，都帮我发现了看了好多遍都没有看出的错误。上学时高超的教学技艺让我钦佩，现在务实、专业的数学精神，更让我高山仰止，激励我做一个严谨求实的人。

　　感谢齐鲁名师、特级教师、全国优秀教师、刘同军老师。之前我是他齐鲁名师工作室的成员，也是他主持的《"初中生""数学基本活动经验"的内容与获取方法的研究与实验》课题的成员，接受过他的多次指导。但随着刘老师专业造诣的不断提升，已经被人才引进去了黄岛，交流也便有了多年的空白。并且作为数学专家层面暑期有着太多的培训与指导任务。但就是在这样的情况下，当我把书稿发给他，请他帮助写序时，他欣然接受，放下手头的工作，为我精心写序。当我对他千恩万谢时，他的回复只有一句："这是我们的专业交流，我也收获很多。"

　　走过这么多年，蓦然回首，才真正体悟到，一个人的成长，需要有一群人的帮助。在关键时期，其他人的帮助，使得我快速地汲取各种营养，不断壮大。唯有珍惜和感恩才是一个人成长的不竭动力。

　　在筹备书稿的过程中，当我进入深刻的思考和梳理时，我才发现我又像一个初登教坛的新教师突然有了那么多的困惑和未知的领域需要去探索。这本书的定位：我对数学教育教学的理解与思考更多的是对各个领域的探求，没有研究成果，只是我学习他人、反思自己的思考。如果这本书，家长能看，学生能看，可以与同行产生共鸣那将是我最最开心的事情。

徐杰

2018 年 9 月 6 日

参考文献

[1]孔凡哲,曾峥.数学学习心理学[M].北京:北京大学出版社,2009.

[2]吴亚萍.新基础教育.数学教学改革指导纲要[M].广西:广西师范大学出版社,2009.

[3]黄东坡.发现诗意的数学.武汉:湖北人民出版社,2014.

[4][美]G.波利亚.怎样解题[M].上海:上海科技教育出版社,2011.

[5][日]永野裕之.数学脑如何唤醒[M].北京:北京时代华文书局,2016.

[6][美]丹尼尔.T 威林厄姆(Daniel T.Willingham).为什么学生不喜欢上学[M].南京:江苏教育出版社 2010.

[7][美]Eric Jensen LeAnn Nickelsen[M].深度学习7种有力策略.上海:华东师范大学出版社,2010.

[8]孙学东.深入浅出:深度教学的应有之义[J].中学数学教学参考,2017(Z2):33—36.

[9]裴光亚.数学教学的支点[J].中学数学教学参考,2016(26):1.

[10]刘华为,敖勇.好课不仅要有先进的理念,也要有理性的思考[J].中学数学教学参考,2016(26):2—5.

[11]裴光亚.教学艺术的基本特征是错位[J].中学数学教学参考,2016(25):1.

[12]李佩泽.如何指导学生整理"数学错题本"[J].中小学数学(初中版),2016(Z2):23.

[13]木玉,史可富.实现数学课程目标的四个关键问题[J].中学数学教学,2016(3):1—5.

[14]王亚权.数学学习在于积累[J].中小学教材教学,2015(9):56—59.

[15]石树伟.揭示数学本质:变"单薄"为"厚重"[J].数学通报,2015,54(7):30—32+35.

[16]陈为霞."题海战术"的后时代——浅议如何走出初中数学解题教学误区[J].新课程学习(中),2015(1):144—145.

[17]姚建强. 初中数学教学中题海战术的质疑与思考[J]. 成才之路,2014 (34):47.

[18]郑毓信. 数学教育改革十五诫[J]. 数学教育学报,2014,23(03):1—7.

[19]方运加. 想方设法教数学——读王元先生的《这样讲数学,小学生是可以接受的》一文有感[J]. 中小学数学(初中版),2014(04):6—7.

[20]陈力. 数学教学中提升学生学习力的三个抓手[J]. 中国教师,2014 (03):77—80.

[21]章建跃. 课堂教学要注重数学的整体性[J]. 中小学数学(高中版), 2013(05):66.

[22]马丹妍. 初中生数学逻辑思维障碍分析及对策[J]. 中学数学研究(华南师范大学版),2013(06):27—28.

[23]薛海龙. 中学生数学学习障碍的文献综述及研究建议[J]. 中小学数学(初中版),2012(12):3—6.

[24]刘勇. 浅谈双基训练在数学教学中的重要性[J]. 现代交际,2012 (05):167.

[25]郭元祥. 知识的性质、结构与深度教学[J]. 课程.教材.教法,2009,29 (11):17—23.

[26]陈娟. 从分形理论到班级整体学习力——小学数学教学中的若干尝试 [J]. 江苏教育研究,2009(23):62—64.

[27]刘永和. 提升学习力:当前推进素质教育的解决方案[J]. 上海教育科研,2009(05):65—67.

[28]郑丽华. 7—11年级学生空间能力发展的调查研究[D].华东师范大学,2006.

[29]刘东升. 数学教师如何提升自己的现场学习力[J]. 中学数学教学参考,2013(5):64—66.

[30]李佩泽. 如何指导学生整理"数学错题本"[J]. 中小学数学(初中版), 2016(Z2):23.

[31]裴广亚. 答青年教师问[J]. 中学数学教学参考,2009(9).

[32]刘东升. 好课如诗:富于关联,指向八方[J]. 中学数学教学参

考,2014(5).

[33]胡建霞.培养班级整体数学学习力[J].数理化解题研究,2013(10).

[34]赵庭标.整体教学:提升数学学习力的有效路径[J].上海教育科研,2015(2).

[35]章建跃.学习张孝达先生的双基关[J].中小学数学,2017(9).

[36]孙学东,周建勋.数学"深度学习"是什么?常态课堂如何可为?[J].中学数学教学参考,2017(14):57—60.

[37]庞彦福.推理螺旋上升 彰显深度学习——以"勾股定理"证明为例[J].中学数学教学参考,2017(14):61—64.

[38]刘孝宗,徐铎厚.初中数学深度学习的基本策略[J].中学数学教学参考,2017(14):64—66.

[39]邢成云.摭谈有悖"深度"课堂的现象[J].中学数学教学参考,2017(14):66—69.

[40]张兆驹,魏进."初中生数学学习力的表现形态的研究"结题报告[J].中学数学教学参考,2017(11):59—63.

[41]郑瑄.循天而事 因地制宜——初中数学教学的自然之道[J].中学数学教学参考,2017(Z2):2—6.

[42]吴有昌.数学语言障碍初探[J].数学教育学报,2002(5).

[43]马丹妍.初中数学逻辑思维障碍分析与对策[J].中学数学研究,2013(3).

[44]章建跃.学习张孝达的"双基关"[J].中小学数学(初中版),2014(9).

[45]徐步达.初中数学学习倦怠及其影响因素[J].中国优秀硕士学位论文全文数据库,2012(8).